◢Schöningh

EinFach Deutsch

Max Frisch

Homo faber

...verstehen

Erarbeitet von
Claus Gigl

Herausgegeben von
Johannes Diekhans
Michael Völkl

Bildnachweis

S. 13: © picture-alliance/Mary Evans Picture Library; S. 19: © Max Frisch-Archiv, Zürich; S. 24, 29: © ddp images; S. 35: Inszenierung des Theater Bielefeld (Regie: Christian Schlüter); Foto: Philipp Ottendörfer; S. 60: picture-alliance/akg-images; S. 63: Verein www.theaterspielgemeinde.de (Foto: Martin Stiller); S. 67: © by R. Berlau/Hoffmann, Foto: Max Frisch-Archiv, Zürich; S. 68: © INTERFOTO/Sammlung Rauch; S. 75: Foto: HNF Heinz Nixdorf MuseumsForum GmbH; S. 83: Archiv/Interfoto

Sollte trotz aller Bemühungen um korrekte Urheberangaben ein Irrtum unterlaufen sein, bitten wir darum, sich mit dem Verlag in Verbindung zu setzen, damit wir eventuell notwendige Korrekturen vornehmen können.

© 2011 Bildungshaus Schulbuchverlage
Westermann Schroedel Diesterweg Schöningh Winklers GmbH
Braunschweig, Paderborn, Darmstadt

www.schoeningh-schulbuch.de
Schöningh Verlag, Jühenplatz 1–3, 33098 Paderborn

Druck 5 4 3 2 / Jahr 2015 14 13 12
Die letzte Zahl bezeichnet das Jahr dieses Druckes.

Umschlaggestaltung: Nora Krull, Bielefeld
Umschlagbild: © Cinetext Bildarchiv
Druck und Bindung: westermann druck GmbH, Braunschweig

ISBN 978-3-14-022522-9

Inhaltsverzeichnis

An die Leserin und den Leser

Liebe Leserin, lieber Leser!

„Schreiben heißt: sich selber lesen."[1]

Dieser Satz, den Max Frisch in sein „Tagebuch 1946–1949"
notierte, trifft auch auf die Hauptfigur, den Ich-Erzähler des
Roman-Berichts „Homo faber", zu.

Walter Faber, Ingenieur bei der UNESCO und Erzähler des
vorliegenden Textes, lernt sich und seine Schwächen erst
schreibend kennen. Ganz im Lebensgefühl der Nachkriegs-
zeit gefangen, hält er sich als Techniker für unfehlbar: exakt
bei der Arbeit, präzise denkend und das alles unter Aus-
schaltung menschlicher Empfindungen wie Angst und
Freude, Unbehagen und Glück, Liebe zur Natur und zu den
Menschen. Aufgrund seines rational-technischen Welt-
bildes ist Faber für alles, was um ihn herum geschieht,
blind. Doch dann lernt er seine Tochter kennen, von deren
Existenz er nichts weiß. Er schläft mit ihr, lädt damit Schuld
auf sich. Als das Mädchen stirbt und er ihre Mutter wiedersieht, muss er sich mit seinem bisherigen Leben auseinandersetzen. Für eine Änderung seiner Lebensweise ist es jedoch zu spät: Faber ist an Magenkrebs erkrankt und bereitet sich auf die Operation vor – alles deutet darauf hin,
dass er sie nicht überleben wird.

Der Roman, als tagebuchähnlicher Bericht der Hauptperson
konzipiert, zeigt, wie ein Mensch sein Leben verfehlt, weil er
sich ein völlig falsches Bild von sich selbst macht. Er bringt
damit, ohne es zu wissen, Unglück über sich, seine Tochter
und deren Mutter, seine ehemalige Geliebte – eine tragische
Konstellation, wie man sie vor allem in den Werken der griechischen Antike und der Weimarer Klassik findet.

---

[1] Max Frisch: Tagebuch 1946–1949, Frankfurt am Main 1979, S. 22

Aufgrund seines Ideengehalts und seiner vielfältigen Bezüge ist der Roman in der Oberstufe zur traditionellen Schullektüre geworden. Ebenso vielfältig sind die Interpretationen, die sich mit dem gesamten Werk, aber auch mit Einzelaspekten wie dem Bezug zur Mythologie, der Rolle der Frau oder auch dem Amerikabild Max Frischs beschäftigen.

Der vorliegende Band aus der Reihe „EinFach Deutsch – … verstehen" will helfen, den Inhalt des Romans und die zugrundeliegende Symbolik zu entschlüsseln und zu deuten. Die wichtigsten Figuren werden vorgestellt und in ihren Bezügen zueinander beschrieben. Außerdem können anhand von Beispielaufsätzen zentrale Themen des Romans nachvollzogen und gängige Aufsatzformen eingeübt werden. Mit dem „Blick auf das Abitur" werden auch romantheoretische Aspekte und der Vergleich mit anderen literarischen Werken angesprochen.

Viel Freude beim Lesen, Nachdenken und Verstehen wünscht

Claus Gigl

Der Inhalt im Überblick

Max Frischs Roman „Homo faber" ist als Tagebuch konzipiert, das der Ich-Erzähler Walter Faber im Juni und Juli 1957 abgefasst hat. Faber, von Beruf Techniker in den Diensten der UNESCO, legt sich angesichts seines bevorstehenden, jedoch noch verdrängten Todes Rechenschaft über sein Leben ab.

Er geht dabei aber mit seiner bisherigen Existenz nicht ehrlich um. Vielmehr versucht er, schreibend seine Unzulänglichkeit und die Fehler aus der Vergangenheit zu vertuschen. So hält er sein Selbstbild vom Techniker, dem die Mathematik alles, Gefühle aber gar nichts bedeuten, bis fast zum Ende aufrecht.

In der „Ersten Station" seines Tagebuchs beschreibt Faber seine Dienstreise von New York nach Caracas und weiter nach Athen. Diese Reise ist von einigen Zwischenfällen geprägt: Faber lernt den Bruder seines Jugendfreundes kennen und beschließt – völlig gegen seine sonstigen Gewohnheiten – spontan eine Abweichung von der vorgesehenen Reiseroute, um seinen Jugendfreund zu besuchen. Als er den Freund von einst aber nur noch tot auffindet und der Auftrag in Caracas nicht durchgeführt werden kann, weil benötigtes Material nicht vor Ort ist, kehrt Faber nach New York zurück, wo schon die nächste Aufgabe auf ihn wartet: Er soll an einer Konferenz in Paris teilnehmen.

Auf der Schiffsreise nach Europa macht er die Bekanntschaft einer jungen Frau, die er nicht als seine Tochter Elisabeth (er nennt das Mädchen Sabeth) erkennt, da er von ihrer Existenz nichts weiß. Nach der Schiffsreise treffen sich Faber und Sabeth in Paris wieder und reisen gemeinsam durch Europa und werden ein Liebespaar. Bei einem Badeausflug in Griechenland kommt Sabeth durch einen Unfall ums Leben. Im Krankenhaus trifft Faber seine ehemalige Geliebte Hanna Landsberg, die Mutter Sabeths, wieder.

Der Handlungsgang der „Ersten Station" wird immer wieder von Rückblenden, Vorausdeutungen und Reflexionen unterbrochen, sodass der Leser schon umfassend über den schlechten Gesundheitszustand Fabers wie auch über die Verwandtschaftsverhältnisse informiert ist.

In der „Zweiten Station" beschreibt Faber die Ereignisse nach Sabeths Tod: seinen Aufenthalt in New York und seine veränderte Sichtweise des „American Way of Life", die zweite Reise nach Caracas und nach Palenque sowie den Abstecher nach Kuba, wo Faber die Natur ekstatisch preist und sein versäumtes Leben nachzuholen sucht, die Rückkehr nach Europa und schließlich nach Athen, wo er sich wegen seiner schlimmer werdenden Magenbeschwerden ins Krankenhaus begibt und wo er schließlich stirbt.

Die „Zweite Station", deren Ende Faber im Krankenhaus von Athen niederschreibt, ist geprägt von einem immer deutlicher werdenden Sinneswandel Fabers: Hat er sich zu Beginn des Romans nur über die Technik definiert, so verkehrt sich seine Weltsicht nun ebenso absolut ins Gegenteil. Folgerichtig notiert Faber in der letzten Nacht vor seiner Operation: *„es stimmt nichts"* (S. 199)[1].

---

[1] Sämtliche Stellenangaben beziehen sich auf die im Literaturverzeichnis aufgeführte Textausgabe des Suhrkamp Verlages.

Die Personenkonstellation

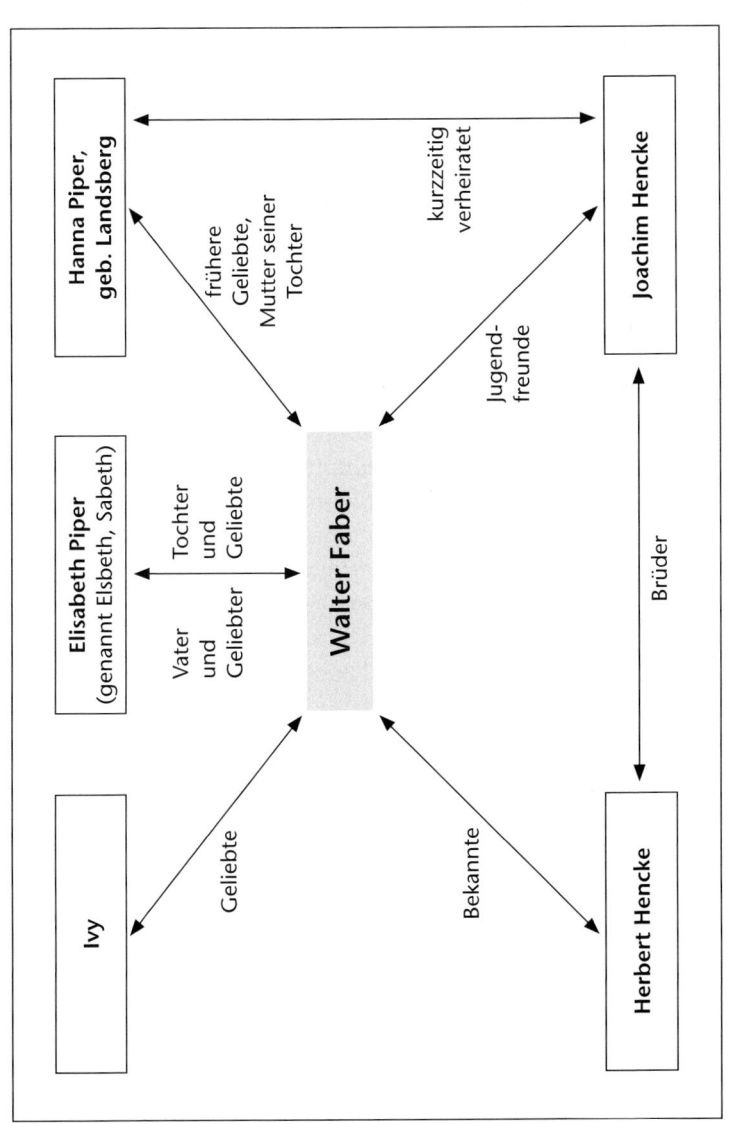

Inhalt, Aufbau und erste Deutungsansätze

„Erste Station"

Abflug von New York (S. 7–10)

Witterung als Vorzeichen für die kommenden Ereignisse

Der Roman beginnt mit dem Bericht Walter Fabers von seinem Abflug vom New Yorker Flughafen La Guardia. Faber, der als Ingenieur für die UNESCO arbeitet, muss beruflich nach Caracas (Venezuela). Infolge von Schneestürmen kommt es beim Start zu einer dreistündigen Verspätung.

Das Unwetter behindert den pünktlichen Abflug der „Super-Constellation" (S. 7), mit der Faber unterwegs ist. Damit wird bereits zu Beginn des Romans deutlich, dass die Natur mit ihren ungünstigen Witterungsbedingungen die Technik fest im Griff hat, auch wenn Faber die Technik der Natur gegenüber für überlegen hält.

Fabers Desinteresse an seinen Mitmenschen

Gleich zu Beginn des Romans fällt auf, dass Faber kein echtes Interesse an seinen Mitmenschen hat. Dies zeigt sich zunächst beim erinnerten Abschied von seiner amerikanischen Freundin Ivy: Von dem Gespräch während der dreistündigen Wartezeit am Flughafen meint Faber später nur, dass Ivy auf ihn „eingeschwatzt" (S. 7) habe. Auch zu dem jungen Deutschen, der neben Faber im Flugzeug sitzt, sucht Faber keinen Kontakt. Er qualifiziert seinen Nachbarn als „Blonde[n] mit rosiger Haut" (S. 7) ab, seinen Namen überhört er (vgl. S. 7). Dennoch muss er zugeben, dass er ihm bekannt vorkommt (vgl. S. 8).

Sozialer Bezug seiner Sprache

Einen auffälligen Kontrast zur Distanz, die Faber gegenüber seinen Mitmenschen an den Tag legt, bildet die Tatsache, dass seine Sätze häufig mit Personalpronomen in der 1. Person Plural beginnen (z. B. „Wir starteten […]. Unsere Maschine […] Wir warteten […]", S. 7). Dies lässt den Schluss zu, dass Faber sich unbewusst mehr an seinen Mitmenschen orientiert, als er in seinem Bericht zugibt.

Zwischenlandung in Houston/Texas und Weiterflug (S. 10–16)

Beim Verlassen des Flugzeugs in Houston wird Faber klar, was er bisher verdrängt hat: Der junge Deutsche erinnert ihn an seinen Jugendfreund Joachim Hencke. Als Faber auf der Flughafentoilette ohnmächtig zusammenbricht, tut er dies als „Schweißanfall mit Schwindel" (S. 11) ab.

Diese Episode beleuchtet schlaglichtartig Fabers Einstellung zu seinem Körper: Er nimmt gesundheitliche Warnsignale nicht ernst, lebt in der Illusion, sein Körper würde funktionieren wie eine Maschine – immer präzis und ohne plötzliche Ausfälle. Dabei ist das Gegenteil der Fall, wie der Leser schnell an den beständigen Beteuerungen Fabers, die seine Aussagen unglaubwürdig klingen lassen, erkennt. Auf die gleiche Weise spielt Faber auch seine Magenschmerzen herunter: „Ich spürte den Magen – wie öfter in der letzten Zeit, nicht schlimm, nicht schmerzhaft […], ein blödes Gefühl." (S. 10) Der Blick in den Spiegel müsste Faber nachdenklich machen, wenn er sein Gesicht wahrnimmt – „weiß wie Wachs […] beziehungsweise grau und gelblich mit violetten Adern darin, scheußlich wie eine Leiche" (S. 11). Doch auch hier folgt sofort die Beschwichtigung: „Ich vermutete, es kommt vom Neon-Licht" (S. 11).

Als Faber nach seinem Ohnmachtsanfall wieder zu sich kommt, wird er über Lautsprecherdurchsage gesucht, da der Flug fortgesetzt werden soll. Faber zeigt erstmals Schwäche. Er versucht sich zu verstecken, weil er seinen beruflichen Verpflichtungen entkommen möchte (vgl. S. 12).

Schließlich entdeckt ihn eine Stewardess im Flughafengebäude und bringt ihn in die Maschine. Um sich den wahren Grund seines Zögerns nicht eingestehen zu müssen, erklärt er seine Verspätung mit technischem Versagen: Seine Uhr sei stehen geblieben (vgl. S. 14).

Fabers falsche Selbstwahrnehmung

Fabers Ausbruchsversuch aus seinem bisherigen Leben

Fabers
symbol-
trächtiger
Traum

Während des Weiterflugs schläft Faber und träumt einen symbolhaltigen Traum, in dem erstmals Professor O., der akademische Lehrer Fabers an der Eidgenössischen Technischen Hochschule in Zürich, vorkommt. Im Traum weint dieser „immerfort, obschon er Mathematiker ist" (S. 15). Dies spielt auf das Rollenverständnis Fabers an, der einem Techniker keine Gefühlsregungen zugesteht. Auf sich selbst bezogen träumt Faber, dass ihm sämtliche Zähne ausgefallen sind (vgl. S. 16) – die Vorstellung ist so intensiv, dass sie Faber auch im Wachzustand verunsichert. Dies wird deutlich, wenn er feststellt „Natürlich sind mir keine Zähne ausgefallen" (S. 16) und weiter anmerkt „ich war erleichtert, geradezu vergnügt" (S. 16) sowie später mit der Zunge kontrolliert, ob wirklich keine Zähne wackeln (vgl. S. 16). Dieser Traum ist auch deshalb bedeutsam, weil das Zahnmotiv[1] einen ersten Hinweis auf die Vergänglichkeit der menschlichen Existenz beinhaltet, auch wenn Faber angibt, er mache sich nichts aus Träumen (vgl. S. 15).

Zahnmotiv

Notlandung in der Wüste von Tamaulipas (S. 16–21)

Versagen der
Technik

Über dem Golf von Mexiko wird Faber von der Stewardess geweckt. Einer der vier Propellermotoren ist ausgefallen. Faber beruhigt seinen Sitznachbarn und sich selbst mit dem Hinweis, dass diese Maschine auch mit zwei Motoren sicher fliegen könne. In Wirklichkeit ist Faber aber höchst nervös, was man daran erkennen kann, dass er mehrfach seine Mitmenschen am Ärmel zieht, um sich Gehör zu verschaffen oder mit ihnen zu sprechen (vgl. S. 17, S. 18 oben, S. 18 unten). Er tut dies nach eigener Aussage gegen seine

Selbstbeschwich-
tigung und
demonstrierte
Selbstsicherheit
Fabers

---

[1] Das Zahnmotiv als Hinweis auf die Vergänglichkeit des menschlichen Körpers ist ein vielfach verwendetes Symbol in der Literatur, z.B. bei J.W. v. Goethe („Ein Mann von fünfzig Jahren", „Wilhelm Meisters Wanderjahre"), Thomas Mann („Buddenbrooks", „Der Tod in Venedig") und Günter Grass („Die Blechtrommel", „Katz und Maus").

sonstige Gewohnheit („was sonst nicht meine Art ist",
S. 17). Auch seine wiederholten Hinweise, dass alles so sei,
wie man es gewohnt sei (fünfmal wird auf den Seiten 18
und 19 die Wendung „wie üblich" bzw. „das Übliche" verwendet), sind als Ausdruck von Selbstbeschwichtigung zu
werten. Als dann noch ein zweiter Motor ausfällt und sich
der Pilot zur Notlandung entschließt, demonstriert Faber
nach außen hin wieder Selbstsicherheit: „Meine erste Sorge: wohin mit dem Lunch?" (S. 19)

Faber vor dem Flugzeug (Super-Constellation)

Faber ist von der lebensgefährlichen Situation, die sich
durch den Ausfall der Motoren ergibt, emotional mehr be-
rührt, als er in seinen Aufzeichnungen zugibt. Dies wird an
der Intensität deutlich, mit der er das Geschehen beobachtet. Zwar verallgemeinert er die aufgeladene Stimmung im
Flugzeug („Eigentlich war man nur gespannt.", S. 20, statt:
Eigentlich war ich nur gespannt.), beschreibt aber zugleich
sein eigenes Verhalten, das von Angst geprägt ist („ich
preßte mein Gesicht ans Fenster", S. 20). Auch eigene Gefühle und Wertungen sowie Ausdrücke der Spannungsstei-
gerung kommen vor: „Ich wunderte mich", „Dann, zum
Glück", „Plötzlich" (S. 20).

Fabers
versteckte Angst

Auffallend ist auch der Satzbau. Während Faber sonst bemüht ist, in kurzen Sätzen, häufig in Ellipsen, präzise Aussagen zu machen, verwendet er hier Hypotaxen[1], die seine aufgewühlte Stimmung wiedergeben, in Verbindung mit bildhaften Wendungen: „Unsere Maschine vermied offensichtlich jede Kurve, um nicht abzusacken, und wir flogen über die günstige Ebene hinaus, unser Schatten flog immer näher, er sauste schneller als wir, so schien es, ein grauer Fetzen auf dem rötlichen Sand, er flatterte." (S. 20)

Fabers Gefühle verändern seine Sprache

Mit Faber, der die Vorstellung aufrechterhält, die Technik sei verlässlicher als Menschen, gehen im entscheidenden Moment der Notlandung die Emotionen durch. Er reißt sich die Hände schützend vors Gesicht und fällt in Bewusstlosigkeit. Wie er das zu bewerten hat, ist ihm klar. Er schreibt in seinem Bericht: „im letzten Augenblick verlor ich die Nerven" (S. 20). Für die Passagiere der Super-Constellation geht diese Notlandung glimpflich aus; niemand ist ernsthaft verletzt. Allerdings befindet man sich nun in der Wüste und wartet auf Hilfe. Faber reagiert mit einer Übersprunghandlung[2], indem er seine Uhr aufzieht.

Faber verliert die Nerven

Der Aufenthalt in der Wüste (S. 22–33)

Als Überleitung zum Bericht über den Aufenthalt in der Wüste gibt Faber ein Bekenntnis ab: „Ich glaube nicht an Fügung und Schicksal, als Techniker bin ich gewohnt mit den Formeln der Wahrscheinlichkeit zu rechnen." (S. 22) Im Weiteren macht er Anspielungen, die dramaturgische Bedeutung haben – sie sollen die Neugier des Lesers wecken –, aber auch auf den Inhalt des Roman-Berichts vorausweisen: Der Aufenthalt in der Wüste, so Faber, habe zur

Widerspruch zwischen Fabers 'Bekenntnis' und seinen Emotionen

---

[1] Hypotaxe: Satzgefüge (als Alternative zur Parataxe, der Satzreihe)

[2] Übersprunghandlung: Begriff aus der Verhaltenslehre: Handlung, die in keinem sinnvollen Bezug zu der gegebenen Situation steht; wird meist durch übermäßige Reaktion aus einem anderen Bereich kompensiert, der nicht zur Lösung des eigentlichen Problems beiträgt

Bekanntschaft mit Herbert Hencke, seinem Sitznachbarn aus dem Flugzeug, geführt, also dazu, dass Faber wieder von Hanna, seiner Geliebten aus den Studienjahren, hört, und dazu, dass er von seiner Vaterschaft erfährt. Faber bringt auch den Tod Sabeths, die der Leser bis zu diesem Zeitpunkt noch gar nicht kennt, in Zusammenhang mit der Notlandung.

Herbert Hencke erfüllt eine wichtige Funktion für die Romanhandlung, denn er ist das Bindeglied zwischen Faber und dessen Jugendfreund Joachim. Durch den plötzlichen Entschluss Fabers, Joachim zu besuchen, kommt die Hanna-Handlung in Gang.

Die Funktion Herbert Henckes

Der viertägige Aufenthalt in der Wüste ist von Warten geprägt. Faber vertreibt sich die Zeit beim Schachspiel mit Herbert Hencke, einem Spiel, das seinem Rollenbild entspricht: „Ich schätze das Schach, weil man Stunden lang nichts zu reden braucht." (S. 23) Während andere Passagiere die Natur und ihre Erscheinungen als besonderes Erlebnis wahrnehmen, beharrt Faber darauf, dass das alles rational erklärbar und deshalb gerade kein Erlebnis sei (vgl. S. 22). Doch auch für ihn ist der Aufenthalt von besonderer Bedeutung, da er mit der eigenen Vergangenheit konfrontiert wird und diese ihn offenbar wieder einholt. So erfährt er, dass der Bruder seiner Reisebekanntschaft sein Jugendfreund Joachim Hencke ist, dass Joachim Fabers frühere Geliebte Hanna Landsberg geheiratet hat und dass es eine Tochter gibt.

Die Vergangenheit holt Faber ein

In diesem Zusammenhang wird deutlich, wie sehr sich Faber verstellt, wenn er die selbstauferlegte Rolle vom rational denkenden Techniker spielt, den Gefühle nicht erschüttern können und der nicht an Fügung und Schicksal glaubt. Sobald Faber nämlich von Hanna erfährt und mehr über ihr weiteres Leben wissen möchte, verhält er sich ganz anders: Hat er eben noch das Schachspiel dafür gelobt, dass man dabei nicht reden müsse, ist es jetzt er selbst, der unvermit-

Fabers innere Unruhe wegen Hanna

telt während des Spiels nachfragt: „‚Ist Joachim denn nicht mehr verheiratet?'" (S. 28) Und Faber ist es auch, der in Bezug auf Herbert Hencke feststellt: „Seine Einsilbigkeit reizte mich." (S. 28) Doch auch jetzt noch verharmlost Faber sein Interesse an Hanna („Ich fragte zum Zeitvertreib", S. 28), zündet aber in seiner Erregung eine Zigarette an und verliert „Figur um Figur" (S. 28). Die Unkonzentriertheit Fabers fällt sogar Herbert Hencke auf („‚Was ist los?' lachte er, ‚was ist los?'", S. 28). Auch später kommt Faber immer wieder und für Herbert Hencke völlig überraschend auf Hanna zurück („‚Lebt sie eigentlich noch?'", S. 31, „‚Wo lebt sie denn heute?'", S. 32). Er errechnet Hannas derzeitiges Alter, kann sie sich aber nicht vorstellen (vgl. S. 29) und überlegt, ob sie überhaupt noch lebt (vgl. S. 29). Schließlich träumt er sogar von ihr (vgl. S. 29).

Als schließlich ein Hubschrauber eintrifft, um eine Mutter und ihre beiden Kinder zu holen, und dabei auch die Post mitnehmen soll, setzt sich Faber an seine Schreibmaschine und schreibt einen Abschiedsbrief an seine amerikanische Geliebte Ivy. Der Schlüsselsatz, den Faber in diesem Zusammenhang notiert, lautet: „Ich habe Hanna nicht geheiratet, die ich liebte, und wieso soll ich Ivy heiraten?" (S. 30). Faber versucht, sich mit dem Argument zu rechtfertigen (vgl. S. 33), dass er Hanna gar nicht hätte heiraten können – zugleich widerspricht er sich aber, was einmal mehr zeigt, dass diese Episode aus seinem Leben für ihn längst noch nicht geklärt und abgeschlossen ist.

Wie die Bergung der Passagiere aus der Wüste von Tamaulipas schließlich vonstatten geht, darüber erfährt der Leser nichts. Fabers Bericht springt weiter zu seinem auf dem Flugplatz von Mexico-City gefassten Entschluss, seine Reiseroute zu ändern.

Abschiedsbrief an Ivy

Die Reise zur Plantage (S. 33–57)

Auf dem Flugplatz von Mexico-City beschließt Faber „im letzten Augenblick" (S. 33) nicht zur Montage nach Caracas weiterzufliegen, sondern Herbert Hencke auf seinem Weg zur Plantage seines Bruders Joachim zu begleiten (vgl. S. 33). Dabei betont er mehrmals, dass es nicht seiner Art und seiner Arbeitseinstellung entspreche, „aus purer Laune" (S. 33) eine Dienstreise zu verzögern. Er wisse nicht, warum er sich so verhalten habe.

Faber ändert seine Reiseroute – völlig gegen seine Gewohnheiten

Nach der Landung in Campeche warten Herbert und Faber auf den Zug nach Palenque. Bereits hier zeichnet sich ab, dass Faber auf seiner Reise in den Dschungel mit einer Welt konfrontiert wird, die er sonst meidet und mit der er auch jetzt nicht umgehen kann: „Schon in Campeche empfing uns die Hitze mit schleimiger Sonne und klebriger Luft, Gestank von Schlamm, der an der Sonne verwest, und wenn man sich den Schweiß aus dem Gesicht wischt, so ist es, als stinke man selbst nach Fisch." (S. 33f.) Damit einher geht auch sein Zwang zur Körperhygiene („Im Hotel gibt es wenigstens eine Dusche, ein Handtuch", S. 34, „eine Siedlung mit elektrischem Strom, so daß man sich rasieren konnte", S. 34). Faber empfindet die ihn umgebende Natur ebenso wie die eigene Körperlichkeit als unerträglich, ja bedrohlich, was man daran erkennt, dass er sie mit Metaphern des Todes beschreibt („verwest", S. 34, „Zopilote[1], die reihenweise warten, bis ein Hund verhungert, ein Esel verreckt", S. 34). Auch die Magenbeschwerden Fabers stellen sich in dieser für ihn unangenehmen Umgebung wieder ein (vgl. S. 34).

Fabers unangenehme Naturerfahrung

Folgerichtig kündigt er mehrfach den Abbruch der Reise an („Ich war entschlossen, Herbert zu verlassen und am andern Mittag zurückzufliegen", S. 34, „Ich war entschlossen, wie gesagt, nach Mexico-City zurückzufliegen.",

Möglicher Abbruch der Reise

---

[1] Zopilote: Königsgeier, in Mittelamerika beheimatet

S. 35), was er aber nicht in die Tat umsetzt. Zwar notiert Faber in seinem Bericht: „Warum ich es nicht tat, weiß ich nicht." (S. 35) Der Leser erkennt aber immer deutlicher die Divergenz zwischen seinem Selbstbild, das Faber um jeden Preis aufrechterhalten will, und der Tatsache, dass er an einem existenziellen Wendepunkt angelangt ist.

Denn er will seine eigene Vergangenheit aufarbeiten, sein verpasstes Leben nachholen und dazu Kontakt zu Joachim aufnehmen, von dem er sich Informationen über den Verbleib von Hanna erhofft.

Fabers Wunsch, Hanna wiederzusehen

Im Zug nach Palenque lassen Faber diese Gedanken noch immer nicht los. Einmal fragt er ganz unvermittelt „‚Ob Joachim mich noch kennt?'" (S. 35), dann „‚Warum sind sie eigentlich geschieden?'" (S. 35) und „‚Haben sie denn Kinder?'" (S. 36). Diese Fragen zeigen, dass die Gedanken Fabers permanent um Joachim und Hanna kreisen – trotz seiner vorgeblichen Distanz zu seinen Mitmenschen. Dabei erfährt Faber auch, dass es eine Tochter gibt, er fragt allerdings nicht weiter nach. Er betont jedoch, dass er geträumt habe – aber nicht „von Hanna" (S. 36), was ebenfalls darauf hindeutet, dass sie ihm im Grunde nicht mehr aus dem Sinn geht.

In Palenque fühlt sich Faber wie „am Ende der Welt" (S. 37). Der Jeep, der sie vom Bahnhof abholen und zur Plantage bringen soll, ist nicht zur Stelle. Herbert Hencke und Faber quartieren sich in einem kleinen Hotel mit dem Namen Lacroix ein, wo sie fünf Tage fest-„hingen" (S. 37).

Faber leidet an der Untätigkeit

Das Verb „hängen" kommt in diesem Zusammenhang des unnützen Verweilens gehäuft vor: „Wir hingen in Hängematten" (S. 37), „indem man in der Hängematte hing" (S. 38), „so daß man plötzlich in der Finsternis des Dschungels hing" (S. 39), „er hängt in seiner Hängematte" (S. 39), „ich hing in meiner Hängematte" (S. 40) usw.

Max Frisch auf der Veranda des Hotels von Palenque, 1956

Während sie in Palenque auf eine Möglichkeit warten, zur Plantage zu gelangen, lernen Herbert und Faber Marcel kennen, einen Musiker aus Boston, der sich in seiner Freizeit mit der Kultur der Mayas beschäftigt und der von den Reliefs an den Mayapyramiden mithilfe von Pauspapier Kopien anfertigt. Marcel weckt in Faber wieder alte Ressentiments: „Manchmal ging er mir auf die Nerven wie alle Künstler, die sich für höhere oder tiefere Wesen halten, bloß weil sie nicht wissen, was Elektrizität ist." (S. 39) Faber hält die Mayakultur für „primitiv" (S. 44), vor allem den Götterglauben. Lediglich ihre mathematischen Kenntnisse imponieren ihm (vgl. S. 44).

Marcel repräsentiert gewissermaßen den Gegenentwurf zum Leben Fabers: Er ist Musiker (vgl. S. 39) mit amerikanischen und französischen Wurzeln (vgl. S. 41) und Hobbyarchäologe, der sich mit Ruinen beschäftigt. Seine Arbeit stößt bei Faber auf Skepsis: Marcel „spannte Pauspapier über die steinernen Reliefs, um dann stundenlang mit einer

Marcels Lebenseinstellung

Marcel als
Spiegelbild
Fabers

schwarzen Kreide darüber hinzustreichen, eine irrsinnige Arbeit, bloß um Kopien herzustellen; er behauptete steif und fest, man könne diese Hieroglyphen und Götterfratzen nicht fotografieren, sonst wären sie sofort tot" (S. 42).

In seinem Tun und Denken nimmt Marcel einige Themen vorweg, die im späteren Verlauf des Romans noch eine Rolle spielen werden:

- den Umgang mit der Vergangenheit,
- die Art einfach und unverkrampft zu leben sowie
- die Kritik am American Way of Life, die Faber anfangs noch gar nicht nachvollziehen kann („Marcel [...] schwatzte wieder die halbe Nacht lang [...] vom Untergang der weißen Rasse [...], vom katastrophalen Scheinsieg des abendländischen Technikers [...], *The American Way of Life:* Ein Versuch, das Leben zu kosmetisieren, aber das Leben lasse sich nicht kosmetisieren", S. 50), später aber mit Marcel teilt („*The American Way of Life:* [...] Ausverkauf der weißen Rasse [...]. Was Amerika zu bieten hat: Komfort, die beste Installation der Welt, ready for use, die Welt als amerikanisiertes Vakuum, wo sie hinkommen, alles wird Highway, die Welt als Plakat-Wand zu beiden Seiten, ihre Städte, die keine sind, Illumination [...], Klimbim, infantil, Reklame für Optimismus als Neon-Tapete vor der Nacht und vor dem Tod", S. 176 f.).

Als das Warten auf den Jeep kein Ende zu nehmen scheint, beschließt Faber zum wiederholten Mal, seine Reise abzubrechen (vgl. S. 42). Auch sein Magen macht ihm wieder zu schaffen; eine Erklärung dafür hat er gleich parat: „Ich rauchte zuviel!" (S. 42) Sein Verweilen im Dschungel erscheint ihm völlig unsinnig: „Ich verstand mich selbst nicht.

Fabers Zweifel an
seiner
Entscheidung,
Joachim zu
besuchen

Vor einer Woche hätte ich in Caracas und heute (spätestens) wieder in New York landen sollen; statt dessen hockte man hier – um einem Jugendfreund, der meine Jugendfreundin geheiratet hat, Gutentag zu sagen." (S. 43)

Schließlich gelingt es Marcel, den Landrover für die Fahrt nach Guatemala zu beschaffen (vgl. S. 44 f.). Während die anderen abends dem rituellen Tanz der Indios zusehen, überholt Faber den Motor des Jeeps, um wieder Handlungssicherheit als Techniker zu gewinnen und die Vorstellung der Eingeborenen nicht erleben zu müssen („Ich mache mir nichts aus Folklore.", S. 45).

In einer Rückblende berichtet Faber von der Situation 1936, als Hanna bemerkte, dass sie schwanger war. Faber, auf dem Sprung in die Berufstätigkeit, hat die Chance, als Ingenieur in Bagdad tätig zu sein, als Hanna ihm mitteilt, dass sie ein Kind erwartet. Hanna, die Faber hier in Anspielung auf seine berufliche Tätigkeit „Homo faber" (der Mensch als Techniker) nennt, zieht sich von diesem zurück, als er mit Erschrecken auf diese Nachricht reagiert, aber trotzdem anbietet: „Wenn du dein Kind haben willst, dann müssen wir natürlich heiraten." (S. 48) Faber erwägt auch eine Abtreibung, wozu sein Freund Joachim die nötigen Kontakte hätte herstellen können. Wie diese Episode endet, darüber gibt Faber keine Auskunft. Das steigert die Spannung und lässt auch die Existenz des Kindes noch offen.

Rückblende: die Schwangerschaft Hannas und die verhängnisvolle Frage Fabers

Die Fahrt durch den Dschungel von Palenque zur Plantage erweist sich als schwierig, weil es keine ausgebaute Straße gibt. Die Reisenden – Herbert, Marcel und Faber – kommen dabei an die Grenzen ihrer Belastungsfähigkeit, vor allem Faber klagt über die Natur, die Sümpfe, die Zopilote, den „süßliche[n] Gestank" (S. 50) und notiert wiederholt: „Ich war für Umkehren" (S. 51, 52). Als jedoch Marcel Reifenspuren entdeckt, wird die Fahrt fortgesetzt und führt auch wirklich zur Plantage. Dort finden die drei Joachim, der sich erhängt hat. Herbert beschließt, an Joachims Stelle auf der Plantage zu bleiben, während Marcels Urlaub zu Ende geht und Faber zu „[s]einen Turbinen" (S. 55) muss.

Strapaziöse Fahrt durch den Dschungel

Die Entdeckung des toten Joachim

In einer weiteren Rückblende berichtet Faber von der Heirat Hannas mit Joachim und davon, dass er als Vater des

Rückblende: Heirat Hannas mit Joachim

Kindes nicht von der unterbliebenen Abtreibung in Kenntnis gesetzt wurde (vgl. S. 56 f.). Unter vielen Beteuerungen, nur das schreiben zu können, was er wisse, gibt Faber neue Begründungen dafür an, dass er Hanna nicht heiraten konnte bzw. sie ihn nicht heiraten wollte. Für den Leser bleibt am Ende die Erkenntnis, dass Fabers Argumente wechseln und damit nicht glaubwürdig sind. Außerdem wird deutlich, dass Faber ziemlich oberflächlich denkt, wenn es um zwischenmenschliche Beziehungen geht. So ist ihm völlig entgangen, dass es zwischen Hanna und Joachim wohl doch eine stärkere Bindung gegeben hat, als von ihm angenommen („Ich wäre nie auf die Idee gekommen, daß Hanna und Joachim einander heiraten.", S. 57).

Ankunft in Venezuela Nach diesem Einschub setzt sich die chronologische Handlung des Romans fort. Sie endet damit, dass Faber zwar in Venezuela ankommt, die Turbinen aber verpackt im Hafen vorfindet. Fabers erste Vernachlässigung seiner beruflichen Tätigkeit bleibt aufgrund logistischer Fehler völlig folgenlos. Er kehrt unverrichteter Dinge nach New York zurück.

Faber in New York (S. 57–69)

Ivy und Faber am Flughafen in New York Obwohl Faber brieflich die Beziehung zu Ivy beendet hat, erwartet sie ihn am Flughafen. Überhaupt verhält sie sich so, als wäre zwischen ihnen alles in bester Ordnung und als hätte sie den Brief nie erhalten.

So fahren sie in seine Wohnung, Faber sagt sogar eine Verabredung zum Schach ab, sie schlafen wieder miteinander – alles Zeichen für Fabers Inkonsequenz. Als jedoch dann der Schachfreund in Begleitung bei Faber auftaucht, erkennt Faber die Oberflächlichkeit der amerikanischen Gesellschaft, nach deren Muster er selbst bisher gelebt hat und immer noch lebt („In eurer Gesellschaft könnte man sterben", S. 67). Da er die Nähe Ivys nicht länger ertragen kann und den USA den Rücken kehren will (er gibt sogar seine Wohnung auf, vgl. S. 68), bucht er anstelle des Flugs

Oberflächlichkeit der amerikanischen Gesellschaft

eine Schiffspassage nach Europa, die es ihm ermöglicht, eine Woche früher abzureisen.

In einer Rückblende denkt Faber noch einmal an seinen Jugendfreund zurück und kommt zu dem Schluss: „Wir hätten Joachim [...] nicht in die Erde begraben, sondern verbrennen sollen." (S. 68) Er begründet diese Meinung mit seinem Abscheu vor allem Natürlich-Kreatürlichen („Verwesung voller Keime", S. 68) und bezieht es auch auf sich: „Ich möchte kremiert[1] werden!" (S. 68) Faber möchte sich dadurch dem ewigen Kreislauf von Werden und Vergehen entziehen.

Reflexion über Joachims Begräbnis

Aufschlussreich für seine Selbstsicht sind die erinnerten Aussagen von Marcel: „Tu sais que la mort est femme!" und „et que la terre est femme!" (S. 69, auf Deutsch: Du weißt, dass der Tod eine Frau ist!; und dass die Erde eine Frau ist!). Diese verdeutlichen, dass der Tod und die Erde nicht nur grammatikalisch, sondern ihrem Wesen nach weiblich sind – und damit zum männlichen Lebensprinzip, wie Faber es vertritt, im Gegensatz stehen.

Weibliches und männliches Lebensprinzip als Widerpart

Auf der Schiffsreise nach Europa (S. 69–96)

Zu Beginn der Schiffspassage zeigt sich das stereotype Denken Fabers: Er, der vorgibt, Menschen nicht zu mögen, behauptet, es sei ihm egal, wer an seinem Tisch sitze, allerdings wünscht er, an einem „Männertisch" (S. 69) zu sitzen. Der Steward ist für ihn ein „französischer Bürokrat" (S. 70), „ungnädig, wenn ein Mensch nicht Französisch versteht" (S. 70). In dieser Situation steht Elisabeth Piper vor ihm. Ihren Namen erfährt er erst später. Obwohl sie ihm auffällt und er versucht, ihr „Gesicht zu erraten" (S. 70), zieht er nicht in Erwägung, dass sie seine Tochter sein könnte. Faber bezieht seine Kabine, die er mit Lajser Lewin, einem Landwirt aus Israel, teilt. Wieder an Deck ent-

Fabers erste Begegnung mit Elisabeth

---

[1] kremieren: schweizerisch für einäschern

deckt er Elisabeth, die sich zu Studienzwecken in den USA aufgehalten hat. Sie spielt mit einem jungen Mann – „[m]öglicherweise ihr Freund oder Verlobter" (S. 71) – Tischtennis. Faber hält sich länger in der Nähe des Mädchens auf, reicht ihr auch einen Pingpongball, stellt aber enttäuscht fest: „Das Mädchen sah mich gar nicht." (S. 72)

Fabers Theorie vom „Zufall"
In einem weiteren Einschub beharrt Faber auf seiner These, dass alles, was sich ereignet, zufällig geschehe. Einen tieferen Sinn („Fügung", S. 73) der Begegnung mit seiner Tochter, von deren Existenz er nichts weiß, lehnt er als Erklärungsmodell ab.

Faber und Sabeth (Verfilmung 1991)

Fabers uneingestandenes Interesse an Sabeth
Im weiteren Verlauf der Überfahrt nach Europa zeigt sich Faber immer mehr an dem Mädchen interessiert, das er Sabeth nennt, weil er findet, dass Elisabeth „ein unmöglicher Name" sei (S. 74). Er bewundert ihre Jugendlichkeit („ich habe nicht mehr gewußt, daß ein Mensch so jung sein kann", S. 73), die er aber aus Gründen der Eifersucht bei ihrem Begleiter ablehnt („ein Jüngling mit Schnäuzchen", S. 73). Faber spielt Tischtennis mit ihr, ohne jedoch – wie er es nennt – sich ihr aufdrängen zu wollen. Jedenfalls möchte er diesen Eindruck nicht erwecken, weshalb er in seinem Rechtfertigungsbericht dann explizit darauf hin-

weist: „Ich stellte ihr nicht nach." (S. 73) Dass er aber „Konversation mit allerlei Leuten" (S. 73) macht, „keinesfalls bloß mit Sabeth, sogar mit den alten Jungfern" (S. 73) an seinem Tisch, lässt den Leser schon aufgrund der despektierlichen Wortwahl ahnen, dass Faber doch sein ganzes Interesse auf die junge Frau richtet. Auch wenn er sich einredet, nicht mit ihr zu flirten (vgl. S. 74), sucht er immer wieder ihre Nähe, verwickelt sie in Gespräche und hat selbst das Gefühl: „Ich redete wie ein Lehrer" (S. 74). Tatsächlich spricht er mit ihr über Themen aus seinem Wissensbereich, über Kybernetik und Roboter, und versteigt sich dabei in eine euphorische Technikbegeisterung: „Der Roboter erkennt genauer als der Mensch, er weiß mehr von der Zukunft als wir, denn er errechnet sie, er spekuliert nicht und träumt nicht" (S. 75). Sabeth findet ihn deshalb „komisch" (S. 75).

Fabers Reaktion auf das Verhalten des Baptisten aus Chicago, der Sabeth immer wieder am Arm fasst (vgl. S. 77), beziehungsweise auf das Verhalten von Sabeths Begleiter, als sie seekrank wird (vgl. S. 81 f.), zeigt, dass Faber entgegen seinen eigenen Aussagen an dem Mädchen sehr interessiert ist.

Dabei verunsichert Faber der Umgang mit Sabeth. Einmal hofft er: „Ein wenig, glaubte ich, mochte sie mich doch" (S. 75). Dann wieder befürchtet er: „Ich war ihr nicht sympathisch." (S. 85) Das Interesse Fabers an Sabeth kommt wohl auch daher, dass sie ihn an Hanna, seine einstige Geliebte, erinnert, wie folgende Aussagen zeigen: „Ich sagte mir, daß mich wahrscheinlich jedes junge Mädchen irgendwie an Hanna erinnern würde." (S. 78), „Am meisten frappierte mich, wie sie im Gespräch, um ihren Widerspruch zu zeigen, ihren Roßschwanz in den Nacken wirft (dabei hat Hanna nie einen Roßschwanz getragen!)" (S. 80) und „Ihr Hanna-Mädchen-Gesicht!" (S. 94). Diesen Zusammenhang schiebt Faber aber beiseite; es kann nicht

(Randnotizen:)
Fabers Verunsicherung

Fabers Nichterkennen der Ähnlichkeit Sabeths mit Hanna

sein, was nicht sein darf. Deshalb lässt er auch die offensichtliche Ähnlichkeit (vgl. S. 78) mit Hanna nicht gelten und begründet dies mit der geringfügig unterschiedlichen Haarfarbe (vgl. S. 78), auch wenn beide das gleiche Hochdeutsch sprechen (vgl. S. 79). Faber ignoriert auch, dass wiederholt Menschen auf dem Schiff völlig selbstverständlich Sabeth für seine Tochter halten (vgl. S. 86). Selbst wenn er notiert „ich fand es an den Haaren herbeigezogen, die beiden zu vergleichen" (S. 78), so tut er es doch, wenn auch „aus lauter Müßiggang" (S. 79).

Unterschiedliche Lebensauffassungen

Sabeth zeigt sich an den technischen Errungenschaften, die Faber ihr näher bringen will, nur mäßig interessiert. Zwar besucht sie mit ihm den Maschinenraum des Schiffs und lässt sich diesen von ihm erklären. Ihr eigentliches Interesse liegt aber in anderen Bereichen. So gibt sie an, dass sie „Kinderärztin oder Kunstgewerblerin [...], vielleicht auch Stewardeß" (S. 82f.) werden möchte. Diese Berufswünsche stehen in klarem Kontrast zur technischen Welt Fabers.

Fabers sentimentaler 50. Geburtstag

Der letzte Tag der Schiffspassage fällt „zufällig" (S. 88) mit Fabers 50. Geburtstag zusammen. Damit erklärt er die Sentimentalität, die ihn ergreift, als er an den bevorstehenden Abschied von Sabeth denkt. Im Gespräch mit Sabeth erläutert er ihr seine Weltsicht:

Fabers Selbstverständnis

- Sein Selbstverständnis als Mann beschreibt er mit den Worten „Ich lebe, wie jeder wirkliche Mann, in meiner Arbeit." (S. 90) Er sagt weiterhin, dass er sich glücklich schätze, allein zu wohnen („der einzigmögliche Zustand für Männer", S. 91), „allein zu erwachen, kein Wort sprechen zu müssen" (S. 91). Diese Aussagen gipfeln in den Worten: „Gefühle am Morgen, das erträgt kein Mann" (S. 91).

Fabers Frauenbild

- Ivy ist für ihn noch immer die typische Frau und so formuliert er auch sein Frauenbild: „Ivy heißt Efeu, und so heißen für mich eigentlich alle Frauen" (S. 91). Dies

findet natürlich nicht die Zustimmung Sabeths
(„Sabeth fand mich zynisch.", S. 91).

Als Sabeth zum Tanz aufgefordert wird, stellt Faber fest, dass er nicht für ein Leben in Zweisamkeit geeignet ist („Ich kann nicht die ganze Zeit Gefühle haben. Alleinsein ist der einzigmögliche Zustand für mich", S. 91 f.). Er definiert sich als Einzelgänger: „Zu den glücklichsten Minuten, die ich kenne, gehört die Minute, wenn ich eine Gesellschaft verlassen habe, wenn ich in meinem Wagen sitze, die Türe zuschlage und das Schlüsselchen stecke, Radio andrehe, meine Zigarette anzünde mit dem Glüher, dann schalte, Fuß auf Gas" (S. 92). Faber hält Gefühle für „Ermüdungserscheinungen" (S. 92). Trotzdem überkommen sie ihn, als er Sabeth erfolglos einen Heiratsantrag macht (vgl. S. 95). Nach der Ankunft in Le Havre geht Sabeth von Bord. Sie nickt ihm noch einmal zu und lächelt (vgl. S. 96). Damit geht ihre gemeinsame Reise zunächst zu Ende. Fabers letzter Eindruck ist: „Ich hatte sie gern." (S. 96)

Faber als Einzelgänger

Abschied Fabers von Sabeth

Der Aufenthalt in Paris (S. 96–107)
Zurück in Paris versucht Faber, seinem Vorgesetzten Williams zuerst telefonisch seinen „Rapport zu geben" (S. 96), findet aber kein Gehör. Auch auf der anschließenden Konferenz reagiert Williams auf die Rechtfertigungen Fabers bezüglich seiner Guatemala-Reise nur mit der wiederholten Floskel „It's okay" (S. 96). Als ihm Williams Urlaub vorschlägt, bringt dies Faber völlig aus der Fassung (vgl. S. 97). Faber, der sich als stets funktionierenden Techniker sieht, weiß mit dem Hinweis seines Vorgesetzten nichts anzufangen. Er hält sich für weniger hager als sonst, für sonnengebräunt, also eigentlich für gut aussehend (vgl. S. 97). Williams schätzt den Zustand aber offenbar anders ein. Doch wenn Faber dann reflektiert „Sein Lächeln kränkte mich, da ich in beruflichen Dingen, wie erwähnt, die Gewissenhaftigkeit in Person bin; noch nie – und das wußte

Erste Anzeichen von Überarbeitung

Williams genau! – bin ich wegen einer Frau auch nur eine halbe Stunde später zur Konferenz gekommen." (S. 97), übersieht er, dass er gerade bei der Montage in Venezuela nicht gewissenhaft vorgegangen ist, weshalb Williams sehr wohl annehmen muss, er sei überarbeitet.

Unstimmige Aussagen Fabers zu seiner Gesundheit

Hinzu kommt, dass Williams wohl das Aussehen Fabers anders bewertet als dieser selbst. Denn schon kurz darauf nimmt sich Faber im Spiegel des Restaurants kritischer wahr, allerdings ohne es sich einzugestehen: „was mich irritierte, war lediglich der Spiegel gegenüber, Spiegel im Goldrahmen. Ich sah mich, sooft ich aufblickte, sozusagen als Ahnenbild [...]. Ich hatte Ringe unter den Augen, nichts weiter [...] Natürlich wird man älter – Natürlich bekommt man bald eine Glatze –" (S. 98). Faber verdrängt seinen schlechten gesundheitlichen Zustand und vergisst sogar, wegen seiner Magenprobleme zu einem Arzt zu gehen (vgl. S. 99). Er ist bezüglich seines Gesundheitszustandes nicht ehrlich – weder gegenüber sich selbst noch anderen gegenüber. So notiert er: „Ich bin nicht gewohnt, zu Ärzten zu gehen, nie in meinem Leben krank gewesen, abgesehen vom Blinddarm" (S. 98 f.). Noch in Palenque hat er behauptet: „Ich bin in meinem Leben nie krank gewesen, ausgenommen Masern." (S. 38)

Besuch im Louvre

Statt zum Arzt zu gehen, besucht Faber am folgenden Tag den Louvre, den er trotz seiner häufigen Aufenthalte in Paris noch nie besucht hat. Seine Absicht ist es, Sabeth wiederzusehen, die er im Museum vermutet und von der ihm der Abschied besonders schwergefallen ist. Wenn er notiert „verweilte ich eine volle Stunde in diesem Louvre" (S. 99), so fällt an dieser Aussage zweierlei auf: Zum einen ist ein einstündiger Aufenthalt für ein Museum dieser Größe eine äußerst knappe Zeit (wenn Faber es auch anders sieht), zum anderen bringt Faber durch das despektierliche hinweisende Pronomen „diesem" seine Abneigung gegen das Museum zum Ausdruck.

Walter Faber im Louvre (Verfilmung 1991)

Im Zusammenhang mit der Erinnerung an Sabeth (vgl. S. 99) reflektiert Faber seine ersten sexuellen Erfahrungen, die er kurz vor seinem Abitur mit der Frau seines Mathematiklehrers gemacht hat. Er vergleicht diese Erfahrungen mit „Wasser [...], das man irgendwo im Durst getrunken hat" (S. 99 f.) und stellt bezüglich des Geschlechtsakts fest: „Nur mit Hanna ist es nie absurd gewesen." (S. 100) Die Erinnerung fungiert hier sowohl als Hinweis auf die von Sabeth ausgehende sexuelle Wirkung auf Faber, die dieser jedoch stets leugnet, als auch als Anspielung auf die Verbindung zwischen Sabeth und Hanna, die Faber intuitiv erkennt, aber rational nicht erfasst.

Erinnerung Fabers an seine ersten sexuellen Erfahrungen

Bei seinem dritten Besuch im Louvre trifft er Sabeth wieder, die ihn auch an den Tagen zuvor schon im Museum beobachtet hat. Sie trinken zusammen Kaffee und sprechen über die weiteren Reisepläne Sabeths (vgl. S. 101). Faber ist dabei hin- und hergerissen zwischen der Sorge wegen Sabeths geplantem Autostopp nach Rom und seiner Eifersucht („Vielleicht ließ sie sich wirklich von jedem Mann ein-

Wiedersehen mit Sabeth

laden", S. 101). Um Sabeth im Anschluss an seine Konferenz noch einmal treffen zu können, bittet er sie, Karten für die Oper zu besorgen, und verabredet sich mit ihr für sieben Uhr am selben Ort (vgl. S. 102).

Fabers Vernachlässigung seiner beruflichen Pflichten

Zur Konferenz kommt Faber verspätet – und wieder wird für den Leser offenkundig, dass Faber sich mithilfe seines Berichts nur rechtfertigen und von jeder Schuld am späteren Tod seiner Tochter reinwaschen möchte. Noch im Nachgang zum Gespräch mit Williams (vgl. S. 96) hatte Faber darauf bestanden, noch nie wegen einer Frau zu spät gekommen zu sein (vgl. S. 97). Die Veränderung, die Faber vollzieht, nimmt er selbst entweder nicht wahr oder er will sie nicht wahrhaben.

Für Veränderung steht auch Professor O., Fabers einstiger Lehrer an der ETH Zürich[1]. Als die beiden Männer sich begegnen und Professor O. Faber anspricht, erkennt ihn dieser nicht und reagiert irritiert: „Sein Lachen ist gräßlich geworden [...] Sein Gesicht ist kein Gesicht mehr, sondern ein Schädel mit Haut drüber [...], sein Lachen viel zu groß, es entstellt sein Gesicht" (S. 102). Faber ist im Begriff zu sagen: „Ich weiß, man sagte es mir, daß Sie gestorben sind" (S. 102).

Professor O. als Spiegelbild Fabers

Die Wandlung, die Faber am Ende des Romans erlebt, nimmt Professor O. in dieser Szene schon vorweg: Auch er wird als Techniker charakterisiert, der ähnliche Thesen vertritt wie Faber. So rät er seinen Studenten, Fremdsprachen zu erlernen, damit sie sich verständigen können, das Reisen aber – mit Ausnahme der Hochzeitsreise – sein zu lassen, da es überholt, ein „Atavismus"[2] (S. 103) sei. Nun geht O. selbst auf Reisen und trifft in Paris auf Faber. Auch seine Herzlichkeit ist für Faber neu; dieser reagiert darauf ähnlich, indem er die Anrede „Lieber Herr

---

[1] ETH Zürich = Eidgenössische Technische Hochschule Zürich
[2] Atavismus: ein Verhalten (oder eine Auffassung), das (oder die) einem veralteten Weltbild entstammt

Professor" (S. 103) wählt, dies aber nach eigenen Aussagen nur, weil O. ihn am Arm gefasst hat – eine Verhaltensweise, die auch Faber eigen ist, z. B. im Gespräch mit Herbert Hencke (vgl. S. 17). Im Anschluss an die Konferenz teilt Faber Williams mit, dass er sein Urlaubsangebot annehme. Als Reiseroute nennt er genau die Stationen, die Sabeth für ihre Rückkehr nach Athen vorgesehen hat (vgl. S. 104).

Nun macht sich Faber auf den Weg zur Oper. In einem Café wartet er auf Sabeth, die bald darauf erscheint und im Inneren des Cafés Platz nimmt. Faber beobachtet sie und stellt dabei fest, dass er sich sehr glücklich fühlt (vgl. S. 105).

Innere Zufriedenheit Fabers in der Beziehung mit Sabeth

Auch dieser Abschnitt endet mit einer Reflexion des erinnernden Ich-Erzählers. Anknüpfend an die Feststellung, dass Sabeth seine und Hannas Tochter ist, deren Abtreibung er schon für beschlossene Sache gehalten hat, setzt sich Faber mit der Thematik der Abtreibung auseinander. Doch wie seine Argumentation zeigt, tut er das nicht unter sachlichen Aspekten. Vielmehr steht für ihn das Ergebnis bereits fest: „Fortschritt in Medizin und Technik nötigen gerade den verantwortungsbewußten Menschen zu neuen Maßnahmen […] Konsequenz des Fortschritts: wir haben die Sache selbst zu regeln" (S. 105). Faber sucht also auch hier nur eine Bestätigung seiner dereinst gefassten Meinung („Wir leben technisch, der Mensch als Beherrscher der Natur, der Mensch als Ingenieur, und wer dagegen redet, der soll auch keine Brücke benutzen, die nicht die Natur gebaut hat.", S. 107) – nicht erkennend, dass er es gerade in dem Moment tut, in dem er in Bezug auf seine Tochter festgestellt hat: „ich konnte nie glücklicher sein als jetzt" (S. 105).

Fabers Haltung zum Thema „Abtreibung"

Dabei drückt sich Faber wie ein Techniker aus. Seine Sprache ist geprägt von Kürze und Knappheit. So lässt er vor Substantiven oft den Artikel weg („Heiligkeit des Lebens!", S. 105, „Schädigung der Frau?", S. 107), bildet elliptische (also grammatikalisch unvollständige) Sätze („Physiolo-

Die Sprache des Technikers Faber

gisch jedenfalls nicht, wenn nicht Eingriff durch Pfuscher",
S. 107, „Weil Schicksal!", S. 107), bevorzugt Parataxen
(Satzreihen): „wir brauchen gar nicht mehr so viele Leute.
Es wäre gescheiter, Lebensstandard zu heben" (S. 106).

Faber und Sabeth auf der Autoreise durch Italien (S. 107–125)

Die Inzestnacht in Avignon Der Bericht Fabers setzt nach der Reflexionsphase
(S. 105–107) wieder mit der Reise durch Italien ein. Die
Station in Avignon und die dort vollzogene Inzest-/Liebes-
nacht werden nicht geschildert. Lediglich gewisse Anspielungen weisen auf das Geschehene hin: „Was in Avignon
gewesen ist, wäre es mit jedem Mann gewesen?"
(S. 108)

Die ungleiche Beziehung Sabeth/Faber Faber fühlt sich glücklich. Zu schaffen macht ihm allerdings
der Altersunterschied – ein Argument, das Sabeth jedoch
wegschiebt: „Ihr Spott über die jungen Herren: ,Buben!'"
(S. 107). Während Faber nur mit Sabeth zusammen sein
will und sich ansonsten allenfalls für „Straßenbau, Brücken-
bau, [den] neue[n] Fiat, [den] neue[n] Bahnhof in Rom,
[den] neue[n] Rapido-Triebwagen, die neue Olivetti"
(S. 108) interessiert, geht es ihr um den Besuch wichtiger
historisch-künstlerischer Stätten: „Pisa, Florenz, Siena, Pe-
rugia, Arezzo, Orvieto, Assisi" (S. 107). Dabei werden die
verschiedenen Lebenskonzepte sowie die unterschiedlichen Lebenseinstellungen deutlich. Faber reagiert darauf,
indem er, sobald es möglich ist, sich von den Besichti-
gungen auf einen Campari zurückzieht (vgl. S. 107ff.). Besonders wichtig ist ihm, dass Sabeth nicht per Autostopp
nach Rom fährt (vgl. S. 108). Als Grund für seine Einstellung nennt er Eifersucht (vgl. S. 108).

Fabers Heiratspläne Faber, der noch im Zusammenhang mit Ivy behauptet hatte, dass er „grundsätzlich nicht heirate" (S. 7), äußert nun:
„Ich dachte an Heirat wie noch nie" (S. 108). Dabei fühlt er
sich Sabeth gegenüber fremd und hat das Gefühl, die Ju-

gend nicht mehr zu verstehen (vgl. S. 108 f.). Er kommt
sich vor wie ein „Betrüger" (S. 108).

Während Faber in der Vorstellung lebt, schon alles zu kennen, möchte Sabeth alles, was sie noch nicht kennt, kennenlernen und erfahren. Diese unterschiedliche Grundhal-
tung tritt während eines Besuchs im Museo Nazionale in
Rom deutlich zutage: Faber weigert sich, Sabeths Erläuterungen aus dem Reiseführer zuzuhören. Er setzt sich stattdessen auf eine Brüstung und versucht, eine italienische
Zeitung zu lesen (vgl. S. 110).

Faber und Sabeth im Museo Nazionale in Rom

Faber ahnt immer mehr, dass er mit seiner vorgefassten
Weltsicht nur Bruchteile der Wirklichkeit wahrzunehmen
vermag. Im Relief *Geburt der Venus,* das die Göttin der Liebe zeigt, findet Faber vor allem das Mädchen, die Flöten-
bläserin, „entzückend" (S. 111). Als Sabeth diese Einschätzung für nicht passend hält, kommt sich Faber – wie häufig
im Roman – vor „wie ein Blinder" (S. 111).

Fabers Blindheit gegenüber der Wirklichkeit des Lebens

Ähnlich verhält es sich auch beim *Kopf einer schlafenden
Erinnye* (vgl. S. 111). Als sich Faber bei der Skulptur *Geburt
der Venus* aufhält, entdeckt Sabeth, dass sich die Wirkung
der Erinnye verändert (vgl. S. 111). Sabeth und Faber
wechseln ein paar Mal den Standort, das Ergebnis ist jedoch immer das Gleiche: Sobald eine Person bei der *Geburt
der Venus* steht, nehmen die Betrachter den *Kopf einer
schlafenden Erinnye* anders wahr. Was der Techniker Faber
als eine „Belichtungssache" (S. 111) abtut, hat symbolische
Funktion: Sobald sich Faber der Venus, also der Göttin der
Liebe (vgl. Liebesnacht in Avignon) nähert, fällt sein Schatten auf die Erinnye (die Rachegöttin), die „sofort viel wacher, lebendiger, geradezu wild" (S. 111) aussieht.

Symbolische Bedeutung der Venus und der Erinnye

Im Restaurant erzählt Sabeth Faber von ihrer Mutter, von
ihrem beruflichen Werdegang, von ihren privaten Beziehungen, von ihrer politischen Gesinnung. Faber interessiert das alles nicht besonders, er unterbricht Sabeth oder
schweift gedanklich ab (vgl. S. 113). Würde er aber auf-

Fabers Unaufmerksamkeit

merksamer zuhören und seine Gedanken bezüglich Sabeth bzw. seine Intuitionen ernst nehmen, könnte er bei diesem Gespräch die tatsächlichen familiären Beziehungen durchschauen.

Sabeth und Faber
auf der Via Appia
Faber und Sabeth begehen die Via Appia. Auf einem Grabmal machen sie Rast. Während Sabeth von ihrem Traumziel Tivoli spricht, gibt sich Faber betont desinteressiert. Aber er verspricht mit dem Argument „Was tut man nicht alles auf einer Hochzeitsreise" (S. 113), er werde sich alle Sehenswürdigkeiten ansehen. Sabeth wiederum empfindet dieses Verhalten als „zynisch" (S. 113).

Klärung der
familiären
Beziehungen
Auf dem Grabmal an der Via Appia bahnt sich schließlich für Faber die Aufklärung des verwandtschaftlichen Verhältnisses an:

- Faber bemerkt zum wiederholten Male die Ähnlichkeit zwischen Sabeth und Hanna, auch wenn er feststellt: „Ihre Ähnlichkeit mit Hanna ist mir immer seltener in den Sinn gekommen, je vertrauter wir uns geworden sind, das Mädchen und ich. Seit Avignon überhaupt nicht mehr! Ich wunderte mich höchstens, daß mir eine Ähnlichkeit mit Hanna je in den Sinn gekommen ist. Ich musterte sie daraufhin. Von Ähnlichkeit keine Spur!" (S. 115)
- Sabeth wirft ihm väterliches Gebaren vor: „‚Du tust wie ein Papa!'" (S. 115)
- Sie nennt ihm auf mehrere Nachfragen den Nachnamen, dann den Vornamen ihrer Mutter: „Hanna" (S. 117). Schon zu diesem Zeitpunkt ist Faber bewusst, dass er Elisabeths Vater ist. Nur so lässt sich seine Aussage „Ihrerseits keine Ahnung, was ihre Antworten bedeuten" (S. 117) verstehen.
- Faber ergänzt dann selbstständig den Mädchennamen „Landsberg" (S. 118) und fühlt sich dabei „Wie erschöpft" (S. 118), was Sabeth zur erstaunten Frage „‚Hast du Mama denn gekannt?'" (S. 118) anregt.

In der folgenden Reflexion bemerkt Faber: „Eine Überraschung war es ja nicht, bloß eine Gewißheit." (S. 118) Noch immer will Faber den Sachverhalt nicht so wahrnehmen, wie er ist: Er schiebt den Gedanken, dass Sabeth seine Tochter sein könnte, gedanklich weit von sich, schränkt aber ein: „Natürlich dachte ich daran, aber ich konnte es einfach nicht glauben, weil zu unglaublich, daß dieses Mädchen [...] mein eigenes Kind sein soll." (S. 118 f.)

Faber reagiert auf den Gedanken seiner Vaterschaft mit Gewalt: Er hält Sabeths Kopf wie in einem „Schraubstock" (S. 120) fest. Sabeth meint zuerst, sich gegen Fabers Eifersucht verteidigen zu müssen: „‚Nein' [...], ‚du bist nicht der erste Mann in meinem Leben, das hast du doch gewußt –'" (S. 120). Als Faber nicht reagiert, vermutet sie den Fehler bei sich: „‚Du findest mich schlimm?'" (S. 121)

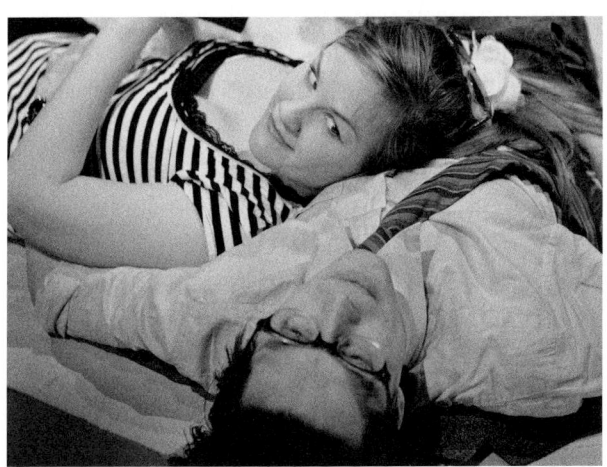

Faber und Sabeth (Theater Bielefeld 2006)

Faber verhält sich wie immer, wenn Menschen ihn anstrengen (vgl. S. 92): Er zieht sich zurück, indem er den Motor des Autos startet. Als Sabeth Mutmaßungen über ihren Vater äußert („‚Wir wissen nicht einmal [...] ‚ob Papa noch

Fabers innere Zurückweisung der Vaterschaft

Fabers vorläufige Selbstberuhigung

lebt.'", S. 121), stellt Faber jedoch den Motor wieder ab und „rechnete im stillen [...] pausenlos, bis die Rechnung aufging [...]: Sie konnte nur das Kind von Joachim sein!" (S. 121).

Die folgende Nacht verbringen Faber und Sabeth wieder gemeinsam, weil Sabeth zu ihm ins Hotelzimmer kommt. Faber findet keinen Schlaf. Trotz aller Berechnungen quält ihn der Gedanke, möglicherweise doch Sabeths Vater zu sein. Deshalb stellt er auch erneut Überlegungen zu seiner Schuld im Umgang mit seiner Tochter an. Dabei rekapituliert er noch einmal die vergangenen Tage: von der ersten Wahrnehmung Sabeths über das erste Gespräch zum Heiratsantrag und weiter vom Abschied auf dem Schiff zur Wiederbegegnung im Louvre und dem gemeinsamen Besuch in der Oper und schließlich zur Nacht in Avignon.

Fabers neuerliche Schuldgefühle

Im Hinblick auf ihre erste gemeinsame Liebesnacht stellt Faber fest: „Jedenfalls war es das Mädchen, das in jener Nacht [...] in mein Zimmer kam" (S. 125). Auffällig ist dabei, dass es in der Nacht vom 13. Mai eine Mondfinsternis (vgl. S. 124) gab. Anders als in der traditionellen Literatur ist es nicht der Mond, der für eine romantische Liebesstimmung sorgt; vielmehr wird auf das Außergewöhnliche dieser Situation dadurch hingewiesen, dass der Mond eben nicht zu sehen ist.

Spiegelung in der Natur

Das Wiedersehen mit Hanna im Krankenhaus von Athen (S. 125–130)

Fabers Begegnung mit Hanna

Als Faber im Krankenhaus von Athen erwacht, trifft er auf seine ehemalige Geliebte Hanna. Faber spricht sie so selbstverständlich an, als lägen nicht zwei Jahrzehnte zwischen ihnen. Darin drückt sich die gefühlte Nähe Fabers zu Hanna aus – immerhin spielt Hanna in den Gedanken Fabers seit einiger Zeit eine wichtige Rolle. Hannas direkter Frage nach seinem Verhältnis zu Sabeth weicht er aus (vgl. S. 127).

In der folgenden Rückblende erzählt Faber die Vorgeschichte der Krankenhausszene und berichtet vom Badeunfall in Theodohori und dem Transport von Sabeth nach Athen. Sabeth stürzt nach einem Schlangenbiss und ist bewusstlos. Faber verhält sich „wie vorgeschrieben" (S. 127): Er saugt die Wunde aus, kann sie jedoch weder abbinden noch ausschneiden noch ausbrennen. So versucht Faber, Sabeth ins Krankenhaus zu schaffen. Ein vorbeifahrendes Auto hält nicht an, aber schließlich erscheint ein griechischer Bauer mit einem Eselkarren, der Faber und Sabeth mitnimmt. Die Symbolik ist eindeutig: Hilfe kommt nicht aus der modernen Zivilisation, sondern aus der ursprünglichen Welt des einfachen Bauerntums. Dies unterstreicht auch Fabers Sitzposition: Er sitzt so, dass er „rückwärts schaute" (S. 128). Da sich die Weiterfahrt verzögert, verliert Faber die Nerven und läuft, Sabeth auf den Armen, zu Fuß weiter (vgl. S. 128). Als sie ein Lkw-Fahrer mitnimmt, kann er die Fahrt nicht bezahlen, da er seine Jacke mit der Geldbörse am Strand liegen gelassen hat. Deshalb überlässt er dem Fahrer seine Omega-Uhr (vgl. S. 129) und damit sein letztes funktionierendes technisches Gerät.

Rückblende: Unfall Sabeths

Von der modernen Zivilisation ist für Sabeth keine Hilfe zu erwarten

Faber verliert seinen letzten Halt – seine Omega-Uhr

Faber in Hannas Wohnung (S. 130–150)

Im Krankenhaus erfahren Faber und Hanna, dass es nicht eine Kreuzotter gewesen ist, die Sabeth gebissen hat, sondern eine Aspisviper, deren Biss noch giftiger ist. Faber beruhigt sich im Wissen, dass die „Mortalität bei Schlangenbiß (Kreuzottern, Vipern aller Art) [...] drei bis zehn Prozent" (S. 130) beträgt.

Fabers Selbstberuhigung durch Statistik

Auf dem Weg zu Hannas Wohnung möchte diese wissen, wo Faber Sabeth kennengelernt habe, ob es stimme, dass er ihr auf dem Schiff einen Heiratsantrag gemacht habe, wieso er sie Sabeth nenne usw. (vgl. S. 131). Faber fühlt sich von diesen Fragen mehr und mehr in die Ecke gedrängt, zumal er vor allem auf die entscheidende, bislang

Gegenseitige Unaufrichtigkeit

noch unbeantwortete Frage „was hast du mit Elsbeth ge-
habt?" (S. 147) wartet. Hanna befragt Faber außerdem
mehrfach zu Joachim (vgl. S. 132). Nach einigem Zögern
berichtet er vom Tod Joachims, verschweigt jedoch dessen
Selbstmord (vgl. S. 146).

Hanna enthält Faber mit dem Argument „‚Sie ist mein
Kind, nicht dein Kind'" (S. 138) wichtige Informationen
über Sabeths Gesundheitszustand vor. Als Faber von ihr die
Vaterschaft Joachims bestätigt haben will, bekommt er keine Antwort (vgl. S. 138). Später streitet Hanna die Vaterschaft Fabers ausdrücklich ab (vgl. S. 145) und bestätigt
sogar die mutmaßliche Vaterschaft Joachims (vgl. S. 147).
Allerdings deutet Hanna mit einer hintergründigen Aussage die wahren Zusammenhänge an: „wir können uns nicht
mit unseren Kindern nochmals verheiraten" (S. 139). Hanna hält im Rückblick ihr eigenes Leben für „verpfuscht"
(S. 139). Denn „[s]ie findet es dumm von einer Frau, daß
sie vom Mann verstanden werden will [...]. Der Mann hört
nur sich selbst" (S. 140). Mit dieser Kritik der weiblichen
Abhängigkeit vom Mann vertritt Hanna eine feministische[1]
Position. Sie hält es inzwischen für falsch, sich in die Män-
nerwelt eingefügt zu haben. Auch ihren Doktortitel betrachtet sie jetzt als Anpassung an männliche Karrieremo-
delle (vgl. S. 140).

Da Faber auf einem Foto, das Sabeth und Joachim gemeinsam zeigt, keine Ähnlichkeit zwischen den beiden erkennen kann, erwacht in ihm von Neuem der Verdacht, doch
der Vater zu sein (vgl. S. 149). Faber möchte nun endgültig
Gewissheit bezüglich der Vaterschaft haben und ruft Hanna zu sich. Doch Hanna kommt nicht, sie hat sich in ihrem
Zimmer eingesperrt und lässt Faber nicht hinein (vgl.

Hannas
Vertuschung der
wirklichen
Vaterschaft

Hannas
Selbstbild

Fehlschlagender
Versuch Fabers,
die Wahrheit zu
erzwingen

---

[1] Feminismus: bestimmter Teil der Frauenbewegung, der von der Un-
terdrückung der Frauen in einer von Männern bestimmten Gesellschaft ausgeht und eine völlige Änderung dieser Machtverhältnisse
anstrebt

S. 149). Faber möchte die Klärung der Vaterschaft nun mit Gewalt erzwingen. Doch als er mit dem Feuerhaken die Türe aufsprengt, schreit Hanna angesichts dieses brutalen Akts auf. Dies bringt Faber zur Besinnung und er lässt von ihr ab (vgl. S. 150).

Rückblende: Die Nacht von Akrokorinth (S. 150–152)

In der Rückschau berichtet Faber von seinem Aufenthalt mit Sabeth in Akrokorinth. Hatte er zu Beginn des Berichts noch erklärt, dass ihn Naturschauspiele nicht interessieren würden (vgl. S. 24), erwartet er nun mit Sabeth den Sonnenaufgang. Da kein Hotelzimmer frei ist, beschließen die beiden, unter freiem Himmel zu nächtigen, und ziehen sich – vom Gebell der Hirtenhunde vertrieben – immer höher ins Gebirge zurück.

Faber und Sabeth in der Natur

Die Szene ist geprägt vom Erlebenswillen der beiden Reisenden, die sich ihre Eindrücke in Form von Vergleichen mitteilen – ein Vorgehen, das Faber vor seiner Begegnung mit Sabeth sicherlich abgelehnt hätte („wie Gips [...] Wie Schnee! [...] Wie Joghurt! [...]. Wie Kohle!" usw., S. 150f.), aus dem er nun aber ein Spiel nach Punkten macht, „wie beim Pingpong" (S. 151).

Schließlich erwarten die beiden den Sonnenaufgang. Sabeth umarmt Faber, „als habe [er] ihr alles geschenkt, das Meer und die Sonne und alles" (S. 152), und singt vor Glück. Aber nicht nur Sabeth lässt sich von der Naturstimmung ergreifen. Auch Faber schildert die Eindrücke der gemeinsam verbrachten Nacht als unvergessliches Erlebnis (vgl. S. 152).

Fabers Erleben der Natur

Rückkehr an die Unfallstelle und Erinnerung Fabers an den Unfall (S. 152–158)

Hanna ist ohne Faber ins Krankenhaus gefahren. Bei ihrer Rückkehr berichtet sie Faber von Sabeths Gesundheitszustand. Darüber beunruhigt will auch er ins Krankenhaus fahren. Hanna verhindert dies aber. Sie will mit Faber erst ein neues Hemd kaufen, da seines von der Nacht zuvor noch blutverschmiert ist, und dann mit ihm zur Unglücksstelle bei der Ortschaft Theodohori fahren, damit er seine liegen gebliebenen Sachen – Brieftasche, Jacke, Pass, Schuhe (vgl. S. 156) – wieder an sich nehmen kann. Hannas Weigerung, Faber mit ins Krankenhaus zu nehmen, beleuchtet einen charakteristischen Wesenszug: Sie möchte das Mädchen nicht mit einem Mann – auch nicht dem Vater – teilen.

Hannas Versuch, Faber auf Distanz zu Sabeth zu halten

Aber auch Faber zeigt einen für ihn typischen Charakterzug: Er spricht über technisches Gerät, nämlich seine Uhr (vgl. S. 155), weil er sich bei diesem Thema sicher fühlt. Doch diesmal geht es nicht – wie oft noch zu Beginn des Romans – um die Technik an sich. Diesmal wünscht sich Faber, die Uhren „rückwärts laufen zu lassen" (S. 155) und damit die Zeit zurückzudrehen. Das signalisiert seine Sehnsucht nach seiner Tochter, nach der unbeschwerten Zeit mit ihr, und bestätigt zugleich Hanna, die Faber gegenüber erklärt hatte: „,wir können das Leben nicht in unseren Armen behalten, Walter, auch du nicht'" (S. 138).

Fabers Versuch, die Zeit zurückzudrehen

Faber liegt viel daran, Hanna den Unglücksort zu zeigen (vgl. S. 156). Als sie aber „eine Spur" des Unfalls (S. 156) entdeckt, ist er angesichts seiner schrecklichen Erinnerungen nicht bereit, sich damit auseinanderzusetzen. Dabei ist das Substantiv „Spur" ohne Weiteres doppeldeutig; einmal im Sinn von „Blutspu[r]" (S. 156), die Sabeth aufgrund der Schädelfraktur, die sie sich beim Sturz zugezogen hat, hinterlassen hat; zum anderen als Hinweis auf ihre

Spurensuche am Unfallort

entscheidende Verletzung (Schädelbruch, nicht Schlangenbiss).

In der folgenden Rückblende erinnert sich Faber an den Unfallhergang (vgl. S. 156 ff.): Während er schwimmt, hört er einen Schrei Sabeths und eilt an Land. Als der nackte Faber sich Sabeth nähert, weicht diese erschrocken zurück, wobei sie mit ihrer rechten Hand ihre linke Brust bedeckt. Im Zurückweichen fällt sie rücklings über eine etwa zwei Meter hohe Böschung auf den Hinterkopf (vgl. S. 158). Faber entdeckt an der linken Brust eine Bisswunde, die durch eine Schlange verursacht ist. Er trägt das Mädchen zur Straße, um eine Mitfahrgelegenheit ins nächstgelegene Krankenhaus zu finden, wo er der Bewusstlosen ein Serum gegen das Schlangengift verabreichen lassen will.

Rückblende: Hergang des Unfalls

Faber notiert in seinem Roman-Bericht bezüglich des Sturzes von Sabeth: „Das war das Unglück." (S. 158) Das ist auch richtig, wenn auch erst in der Rückschau erkannt wird, dass Sabeth nicht am Schlangenbiss bzw. dem Gift der Schlange gestorben ist, wie Faber ursprünglich angenommen hat, sondern an den Folgen des Sturzes (vgl. S. 160).

Der Sturz als Ursache für den Tod Sabeths

Rückfahrt Fabers und Hannas nach Athen und Sabeths Tod (S. 158–160)

Während Hanna und Faber die liegen gebliebenen Utensilien zusammenpacken und sich Faber noch wundert, dass sich Hanna ruhig und sachlich verhält, teilt diese ihm mit: „‚Du weißt [...], daß es dein Kind ist?'" (S. 158) Faber bestätigt dies ohne weiteren Kommentar: „Ich wußte es." (S. 158) Er spricht im Folgenden sofort von „unserer Tochter" (S. 158). Aus der Stimmung des Augenblicks heraus bringt er sogar eine gemeinsame Zukunft mit Hanna ins Spiel. Hanna verschließt sich jedoch diesem Gedanken.

Aufklärung Fabers über seine Vaterschaft

Als Faber und Hanna Sabeth aufsuchen, erfahren sie vom behandelnden Arzt, Dr. Eleutherios, dass Sabeth kurz nach vierzehn Uhr gestorben ist (vgl. S. 160). Todesursache ist

Tod Sabeths

eine nicht diagnostizierte Schädelbasisfraktur, die nach Aussage der Ärzte leicht hätte operativ behandelt werden können – hätte Faber nur von dem Sturz über die Böschung berichtet. Der Schlangenbiss war aufgrund des verabreichten Serums nicht tödlich.

Hanna in der Rolle der Erinnye

Faber beschreibt seine tote Tochter ähnlich wie das Abbild der „schlafenden Erinnye", das er während des Romaufenthalts mit Sabeth im Museo Nazionale betrachtet hat (vgl. S. 111). Im Augenblick des Abschieds von seiner Tochter findet Faber ausgerechnet in der zuvor verschmähten Welt der Kunst Trost.

Nun – wo die Tochter als Bindeglied zwischen ihnen fehlt – greift Hanna in ihrer Verzweiflung Faber körperlich an: „Hanna mit ihren kleinen Fäusten vor mir, ich erkenne sie nicht mehr, ich wehre mich nicht, ich merke es nicht, wie ihre Fäuste mich auf die Stirne schlagen [...] Sie schreit und schlägt mich ins Gesicht, bis sie nicht mehr kann" (S. 160). Die vorher noch möglich erscheinende Zusammenführung der beiden Lebenskonzeptionen ist nun durch die sich ausdrückende Wut und Verzweiflung Hannas in weite Ferne gerückt.

Hannas Verzweiflung

„Zweite Station"

Die Aufzeichnungen im Krankenhaus (S. 161)

Fabers Untersuchung in Athen

Die Aufzeichnungen Fabers beginnen sechs Wochen nach dem Tod Sabeths (vgl. S. 161), am 19.7.1957. Er befindet sich inzwischen im Krankenhaus in Athen und lässt seinen Magen, der ihm seit Längerem Beschwerden macht, untersuchen. Er leidet darunter, dass ihm vom Krankenhauspersonal das technische Gerät genommen worden ist, das er am besten gebrauchen könnte – seine Schreibmaschine vom Typ Hermes-Baby. Wie schon früher versucht sich Faber an technische Gerätschaften zu klammern, um das Leben nicht erleben zu müssen, doch man rät ihm lediglich:

„Ich solle von Hand schreiben!"[1] (S. 161). Faber kann außerdem nicht damit umgehen, dass es in der Klinik Ruhestunden gibt (*„Diese Ruhestunden [...] sind das Schlimmste.",* S. 161), weil er weiß, dass er nur noch wenig Zeit hat, sein Tagebuch zu führen – ein symbolischer Hinweis auf seine Lebenszeit.

Die Welt der Technik und ihr Versagen

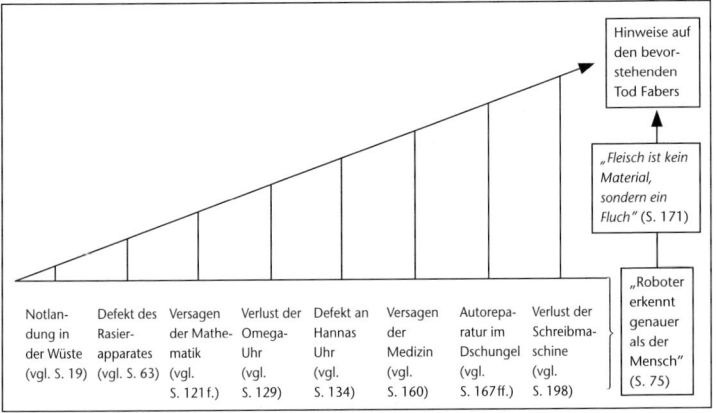

| | | | | | | | | „Roboter erkennt genauer als der Mensch" (S. 75) |
| Notlandung in der Wüste (vgl. S. 19) | Defekt des Rasierapparates (vgl. S. 63) | Versagen der Mathematik (vgl. S. 121f.) | Verlust der Omega-Uhr (vgl. S. 129) | Defekt an Hannas Uhr (vgl. S. 134) | Versagen der Medizin (vgl. S. 160) | Autoreparatur im Dschungel (vgl. S. 167ff.) | Verlust der Schreibmaschine (vgl. S. 198) | |

Schräg aufsteigend: „Hinweise auf den bevorstehenden Tod Fabers" und „*Fleisch ist kein Material, sondern ein Fluch*" (S. 171)

Hanna besucht Faber täglich im Krankenhaus (vgl. S. 161). Dieser weiß jedoch noch immer wenig von ihrem derzeitigen Leben. Außerdem kann er nicht einschätzen, wie Hanna ihn sieht und welche Beziehung sie zu ihm hat. Er weiß lediglich, dass sie täglich das Grab Sabeths besucht und jeden Tag zur Arbeit ins Archäologische Institut geht (vgl. S. 161). Indem Hanna immer schwarze Kleidung trägt, erfüllt sie die Erwartungen, die an eine trauernde Mutter gestellt werden. Die schwarzgekleidete Hanna erinnert den Leser aber auch an die Zopilote aus dem mittel-

Hannas Pflege der Erinnerung

---

[1] In der „Zweiten Station" sind die handschriftlichen Aufzeichnungen Fabers aus dem Krankenhaus in Athen kursiv gesetzt.

amerikanischen Dschungel (vgl. S. 54). Ähnlich wie diese kümmert sich Hanna um die Toten (*„Sie geht täglich ans Grab"*, S. 161). Und auch im Institut hat Hanna mit der Vergangenheit zu tun. Die Auseinandersetzung mit dem Vergangenen ist die Quelle, aus der Hanna ihren Lebenssinn schöpft.

Rückblende: Der letzte Aufenthalt in New York (S. 161–164)

Faber auf einer Party

Als Faber nach New York zurückkehrt, nimmt er am 1. Juni an der „übliche[n] Saturday-party" (S. 161) bei seinem Chef Williams teil. Obwohl er es zuerst so darstellt, als müsse er diese Party besuchen, wird doch schnell klar, dass er dieses lediglich aus Langeweile tut (vgl. S. 161).

Fabers Selbstzweifel

Faber empfindet die Nachricht, dass er in Venezuela weiterarbeiten kann, zwar als Glück, er ist aber unsicher, ob er den Aufgaben gewachsen ist. Die bisherigen Verhältnisse haben sich gedreht: Bisher hat Faber nie an seinen Fähigkeiten gezweifelt, nun stellt er plötzlich Williams als Optimisten hin (vgl. S. 161f.).

Fabers Kritik am amerikanischen Lebensstil

Ähnlich wie in der vergleichbaren Situation in der „Ersten Station" (vgl. S. 66ff.) fühlt sich Faber auch auf dieser Party völlig fehl am Platz. So wie früher kritisiert er auch jetzt den American Way of Life: Faber will keine persönlichen Details bekannt geben („Ich habe niemand gesagt, daß meine Tochter gestorben ist", S. 162), er will (und kann) sich auch am typischen Small Talk nicht beteiligen, sei es, dass es um das Thema Kunst („Fra Angelico") oder Wissenschaft („semantics") geht (vgl. S. 162).

Unmögliche Rückkehr Fabers in sein altes Leben

Eine Rückkehr in seine alte Wohnung ist Faber nicht möglich, da er keinen Schlüssel dazu hat. Seine Versuche, etwas über den Verbleib des Schlüssels in Erfahrung zu bringen (vgl. S. 162), bleiben ebenso erfolglos wie seine telefonische Nachfrage in seiner Wohnung (vgl. S. 163f.). Faber

wird dadurch klar, dass er sein altes Leben nicht mehr aufnehmen kann.

Chancen durch die Operation (S. 164 – 165)

Bei seiner Niederschrift im Krankenhaus in Athen äußert
sich Faber zu den Chancen, die seine Operation mit sich
bringt – *„eine Operation, die in 94,6 von 100 Fällen gelingt"*
(S. 164). Es zeigt sich, dass sich Faber auch bei diesem
Thema wieder auf die Wissenschaft von der Wahrscheinlichkeit zurückzieht, wie er es immer tut, wenn er in einer
Sache unsicher ist. Auch begegnet dem Leser in diesem
Absatz gleich zweimal die Floskel *„und was mich nervös
macht"* (S. 164). Diese Formulierung charakterisierte schon
mehrmals vorher Situationen, die für Faber nicht mehr beherrschbar waren (vgl. z. B. S. 7, 18, 27). Zudem verbirgt
Faber hier einen Widerspruch: Er behauptet, was ihn nervös mache, sei „lediglich" das Warten auf die Operation.
Kurz darauf erwähnt er aber, dass ihn auch Hannas Trost
nervös mache (vgl. S. 164). Fabers Zerrissenheit zeigt sich
zudem in seiner Ausdrucksweise, etwa wenn von Hanna
die Rede ist, die *„nicht an Statistik glaubt"* (S. 164), was ja
für sich schon einen Widerspruch darstellt. Faber flüchtet
selbst jetzt am Ende seines Lebens noch vor der Realität,
wenn er es für „logisch" hält, dass seine Magenprobleme
nicht auf Krebs zurückzuführen seien. Außerdem geht er
nach wie vor davon aus, Hanna zu heiraten. Diese hat ihm
aber während ihrer Besuche im Krankenhaus nichts zu sagen (vgl. S. 164 f.).

Fabers innere Zerrissenheit

Rückblende: 2. Reise nach Campeche und Palenque (S. 165 – 169)

Am 2. Juni startet Faber erneut mit dem Flugzeug in Rich-
tung Caracas, wo endlich die Turbinen montiert werden
sollen. Doch wie schon beim ersten Mal unterbricht er die
Reise wegen Magenbeschwerden (vgl. S. 165). Er unter-

Fabers Sehnsucht nach dem Vergangenen

nimmt wieder einen Abstecher nach Campeche und weiter nach Palenque, wo er auf der Farm Herbert wiedersieht (vgl. S. 166). Obwohl in Palenque „alles unverändert" (S. 166) ist, macht Faber das „Wiedersehen [...] geradezu froh" (S. 165), sodass er sich wünscht: „Wäre es doch damals!" (S. 166). Faber beschreibt anschaulich, wie sich Herbert in den vergangenen zwei Monaten verändert hat: Er hat sich einen Bart stehen lassen (vgl. S. 166), kommt ohne seine zerbrochene Brille aus (vgl. S. 166) und verzichtet auf das einzige Fortbewegungsmittel, das ihn von der Farm wegbringen könnte, den Geländewagen (vgl. S. 167). Stattdessen hat er gelernt, Guanas zu fangen und zuzubereiten (vgl. S. 167). Befragt zu seinen künftigen Vorhaben antwortet er mit einem Wort: „Nada" – Nichts (S. 168). Diese völlige Resignation vor dem eigenen Schicksal steht in deutlichem Kontrast zu Faber, der davon ausgeht, über das eigene Schicksal bestimmen zu können. Faber hängt zwar an den Erinnerungen an seinen Besuch im April, muss aber feststellen: „Wir verstanden uns überhaupt nicht." (S. 167) Seine Einschätzung Herberts fasst er mit einem verächtlich gemeinten Vergleich zusammen: „Herbert wie ein Indio!" (S. 168)

Fabers Entfremdung von Herbert

Diskussion mit Hanna (S. 169–170)

Hannas Kritik am Techniker Faber

Es bleibt Hanna überlassen, die Lebensbilanz Fabers zu ziehen. Hanna kritisiert mit deutlichen Worten sein von der Technik bestimmtes Weltbild:

- *„Technik [...] als Kniff, die Welt so einzurichten, daß wir sie nicht erleben müssen"* (S. 169),
- *„Manie des Technikers, die Schöpfung nutzbar zu machen, weil er sie als Partner nicht aushält"* (S. 169),
- *„Technik als Kniff, die Welt als Widerstand aus der Welt zu schaffen"* (S. 169),
- *„Die Weltlosigkeit des Technikers"* (S. 169).

Außerdem wirft Hanna Faber vor, die Endlichkeit seiner Existenz nicht zur Kenntnis zu nehmen und deshalb auch nicht über den eigenen Tod nachzudenken. In dieser Tatsache sieht Hanna die eigentliche Erklärung für die fatale Affäre Fabers mit seiner eigenen Tochter. Er habe bei der Wahl seiner Partnerin den großen Altersunterschied nicht respektiert und sich *„so verhalten, als gebe es kein Alter, daher widernatürlich"* (S. 170). Auch durch die Verbindung mit den eigenen Kindern könne man dem eigenen Altern nicht entgehen: *„Wir können nicht das Alter aufheben, indem wir weiter addieren, indem wir unsere eigenen Kinder heiraten."* (S. 170) In seinem Bericht gibt er die Position Hannas wieder, ohne seine Einsicht in die Berechtigung der Vorwürfe erkennen zu lassen. Allerdings widerspricht er Hannas Einschätzung nicht mehr – offenbar reift in Faber die Erkenntnis, sein Leben auf falschen Prinzipien errichtet zu haben.

Hannas Kritik am Lebensentwurf Fabers

Rückblende: 2. Reise nach Caracas (S. 170)

Am 20.06. kommt Faber in Caracas an und stellt fest, dass die Turbinen und die benötigten Arbeitskräfte vor Ort sind (vgl. S. 170). Tatsächlich findet nun – mit einiger Verspätung – die Montage statt, jedoch ohne Faber, der für über zwei Wochen krankheitsbedingt im Hotel liegt (vgl. S. 170). In dieser Zeit beginnt Faber, einen Bericht zu schreiben, weil ihm „nichts anderes übrig" bleibt (vgl. S. 170). Es ist jedoch aufgrund des Kontextes, in dem Faber dies äußert, zu vermuten, dass sich der Bericht an Hanna wendet (vgl. S. 170) und letztlich Fabers Unschuld am Tod seiner Tochter „beweisen" soll. Dabei ist auffällig, dass sich die sachliche Form des Berichts immer mehr in ein Tagebuch wandelt, das eine sehr persönlich geprägte Gattung darstellt.

Abfassung des „Berichts" an Hanna

Der „Bericht" wird zum Tagebuch

Reflexion über den eigenen Zustand (S. 170–172)

Fabers
körperlicher
Verfall
Faber bekommt im Krankenhaus von Athen einen Spiegel gereicht – und erschrickt, weil er erkennt, dass er todkrank ist: Er ist hagerer als je zuvor (vgl. S. 170), ausgemergelt und abgemagert. Deshalb nimmt er seine Nase und seine Ohren als übergroß wahr (vgl. S. 171), bemerkt erstmals die Sehnen (vgl. S. 171) und die ungesund aussehende Haut am Hals („*Mit Poren wie bei einem gerupften Hühnerhals!*", S. 171). Er stellt auch Zahnstein bei sich fest und möglicherweise „*Granulom*"[1] (S. 171), weswegen er baldmöglichst einen Zahnarzt aufsuchen will. Er bemerkt außerdem seine wenigen kurzen Haare, redet sich ein, ihr Wuchs sei nicht dünner und ihre Farbe nicht anders geworden (vgl. S. 171). Die Beschreibung, die Faber hier von sich selbst abgibt, erinnert an das Aussehen seines Lehrers, Professor O. (vgl. S. 193), der am Ende dieses Eintrags namentlich erwähnt wird, weil er inzwischen gestorben ist (vgl. S. 172). Konsequenterweise kommt Faber zu der bezeichnenden Erkenntnis: „*Überhaupt der ganze Mensch! – als Konstruktion möglich, aber das Material ist verfehlt: Fleisch ist kein Material, sondern ein Fluch.*" (S. 171)

Fabers
Fortsetzung
seines
Selbstbetrugs
Am Ende nimmt Faber aber alles Geschriebene – für den sensibilisierten Leser völlig unglaubwürdig – zurück und spricht stattdessen von Einbildung (vgl. S. 172) und davon, dass sein Aussehen kein Grund sei „*zum Erschrecken*" (S. 172), es fehle ihm nur an „*Bewegung und frischer Luft*" (S. 172). Faber hält damit an seinem Selbstbetrug fest.

Rückblende: Der Abstecher nach Kuba (S. 172–182)

Kubaaufenthalt
Fabers
Faber berichtet von seinem Rückflug von Caracas, der ihn nach Lissabon bringen sollte. Um nicht über New York fliegen zu müssen, wechselt er das Flugzeug in Habana und bleibt vier Tage (vgl. S. 172) auf Kuba. Dort wird er mit

---

[1] Granulom: Entzündungsherd an der Zahnwurzel

dem Leben konfrontiert, das er bisher abgelehnt hat – doch nun findet er Gefallen daran und beschließt, „anders zu leben" (S. 175):

- Faber spaziert auf dem Prado, ohne etwas zu tun zu haben (vgl. S. 172).
- Er bemerkt gelbe Vögel, die in der Dämmerung „Krawall" (S. 172) machen.
- Er bewundert die „Neger-Spanierin" (S. 172) und findet für sie eine bildhaft-poetische Sprache: „ihr weißes Gebiß in der roten Blume ihrer Lippen" (S. 172).
- Er hasst es, für einen Amerikaner gehalten zu werden (vgl. S. 172).
- Er bewundert die Natürlichkeit der kubanischen Jungen („Die nackten Buben im Meer, ihre Haut, die Sonne auf ihrer nassen Haut, die Hitze", S. 173, „Der Siebenjährige, der mir schon einmal die Schuhe geputzt hat", S. 175).

Der Aufenthalt in Kuba spiegelt das bisherige Geschehen und stellt das, was Faber bislang als negativ eingeschätzt hat, positiv dar:

Ein Perspektiven-wechsel – auch im Empfinden Fabers

- Faber bleibt in Habana im Hotel, duscht sich, liegt nackt und rauchend auf dem Bett, anstatt wie bisher ständig aktiv zu sein (vgl. S. 173).
- Waren ihm bislang Menschen eher lästig, so hofft er jetzt, das Zimmermädchen möge in sein Zimmer kommen, spricht dabei von „Begierde" (S. 173) und fragt sich selbst: „Warum kommt sie nicht einfach!" (S. 173)
- Sexualität dient Faber nur zur Triebbefriedigung (vgl. Ivy, S. 91). Genau diese Form von Sex wird ihm nun als „[S]ervice" (S. 178) geboten. Faber hält das für unwirklich und versagt als Mann („Dann die Blamage", S. 178).
- Hatte er bislang das, was ihm begegnet ist, gefilmt, schaut er nun hin und ist erstaunt, was es alles zu

sehen gibt („ich komme nicht aus dem Gaffen heraus", S. 173). Das Filmen gibt er auf, weil es ihm die Vergänglichkeit seiner Erlebnisse vor Augen führt (vgl. S. 182).

- Faber geht mit dem „American Way of Life", dem er selbst lange huldigte, hart ins Gericht: „Schon was sie essen und trinken, diese Bleichlinge, die nicht wissen, was Wein ist, diese Vitamin-Fresser, die kalten Tee trinken und Watte kauen und nicht wissen, was Brot ist, dieses Coca-Cola-Volk, das ich nicht mehr ausstehen kann" (S. 175).

- Faber sucht nun bewusst den Kontakt zu Menschen. Dabei trifft er auf Juana (vgl. S. 179). Sie ist 18 Jahre alt (vgl. S. 179), was Faber zu einem Vergleich nötigt: „Noch jünger als unser Kind." (S. 179) Auffallend ist dabei, dass er ganz selbstverständlich, ohne von Hanna dazu gedrängt zu werden, von „unser[em] Kind" spricht. Er benutzt also eine Wendung, die Hanna vor 20 Jahren hätte hören wollen, als er die ungeborene Sabeth nur als Hannas Kind bezeichnete („Wenn du dein Kind haben willst", s. S. 48).

Für Faber herrscht auf Kuba Endzeitstimmung: Nicht nur, dass er weiß, dass er abreisen muss, er hat wohl auch erkannt, dass sein Leben zu Ende geht. Darum formuliert er: „Keine Zeit auf Erden, um zu schlafen!" und „Ich wußte, daß ich alles, was ich sehe, verlassen werde, aber nicht vergessen" (S. 180). Schließlich tut er es seiner Tochter gleich und singt – „[s]tundenlang" (S. 181). Dies zeigt, dass er mit sich im Reinen ist und sich auch im Verhalten seiner Tochter annähert (vgl. S. 152). Das letzte Wort in diesem Abschnitt – „Abschied" (S. 182) – deutet auf den größeren Zusammenhang, den Abschied vom Leben, hin.

Fabers Einsichten

Der Wandel im Naturerleben Fabers

Naturempfinden Fabers auf der Plantage	Naturerlebnis in Kuba
• Das Gebären und Sterben: Sinnlosigkeit des Lebens	• Scherzen mit einer schwarzen Prostituierten
• Faber schwitzt und duscht sich häufig Versuche, sich zu rasieren: Ablehnung der eigenen Körperlichkeit	• Berühren des Kraushaares des Schuhputzer-Jungen
• Instandsetzen des Geländewagens: Versuch, dem Leben mithilfe technischer Medien zu entkommen	• bewusstes Wahrnehmen von Naturschönheit
• Ablehnung alles Natürlichen und Kreatürlichen	• Die menschliche und die unbelebte Natur werden zum Medium des Lebensgenusses: Versuch Fabers, das Leben nachzuholen
↓	↓
„Ich war für Umkehren." (S. 51)	„Wäre es doch damals!" (S. 166)

Hanna im Krankenhaus (S. 182–185)

Faber berichtet vom Besuch Hannas bei ihm im Krankenhaus. Es fällt ihm auf, dass Hanna nicht mehr, wie bisher, schwarz trägt, sondern in weißer Kleidung zu ihm kommt. *Hannas Kleidung – symbolisch gedeutet*

Was Faber für *„liebe Rücksicht"* (S. 182) hält, kann auch mythologisch gedeutet werden: Die Erinnyen erschienen dem Orest vor seiner Heilung in Schwarz, danach in Weiß. Offenbar hat auch Faber eine innere Umkehr bewältigt.

Im Postskriptum berichtet Faber von einem Jugenderlebnis Hannas: Hanna hat in ihrer Jugendzeit mit ihrem Bruder gerungen, wobei es diesem gelungen ist, sie auf den Rücken zu werfen. Hanna hat daraufhin beschlossen, *„nie ei-* *Erklärung für Hannas Verhalten* *nen Mann zu lieben"* (S. 182) und *„gescheiter zu sein als alle Jungens von München-Schwabing"* (S. 183) – die Wurzel ihrer späteren feministischen Überzeugungen. Faber berichtet weiter, dass Hanna nur an einen Himmel geglaubt hat, in dem es auch Göttinnen gibt (vgl. S. 183).

Der blinde Armin als Seher

Ihr einziger Vertrauter ist ein blinder Greis namens Armin (vgl. S. 183) gewesen, der Hanna München gezeigt und ihr das Leben erklärt hat (vgl. S. 184) – der echte Blinde versteht mehr vom Sinn des Lebens als Faber, der zwar sehen kann, aber die wirklich wichtigen Zusammenhänge nicht durchschaut.

Hannas soziales Umfeld

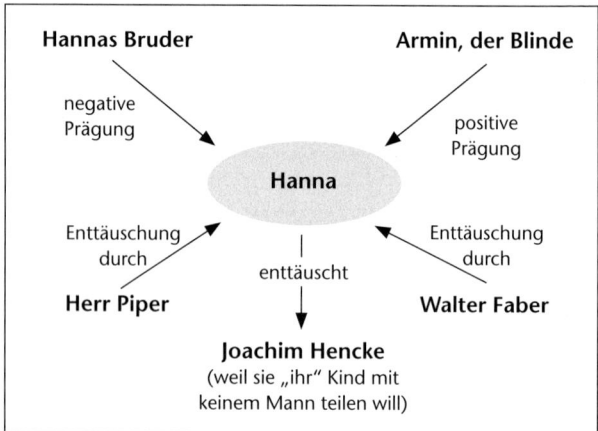

Rückblende: Faber in Düsseldorf (S. 185–192)

Besuch bei der Firma Hencke-Bosch

Auf seinem Weg zurück nach Athen macht Faber auch Station in Düsseldorf, bei der Firma Hencke-Bosch. Er will dort die Geschäftsleitung über den Zustand der Plantage in Guatemala informieren und zu diesem Zweck die selbstgedrehten Filme zeigen.

Faber bereitet zusammen mit einem jungen Techniker die ihm selbst noch unbekannten Filme zur Vorführung vor. Während Faber auf den Filmausschnitt, der Guatemala zeigt, wartet, wird die Szene mit dem erhängten Joachim auf der Plantage (vgl. S. 186) sichtbar. Faber wird nervös. Die Erinnerung treibt ihn, sodass er ein Fenster aufmachen will, weil er sich wie in den Tropen fühlt (vgl. S. 187). Dann plötzlich ist Sabeth in einer Szene aus Avignon im Bild (vgl. S. 188). Faber, dem die Erinnerung noch lange nachgeht („Ich sehe diesen Streifen noch jetzt", S. 188), lässt den Techniker jedoch nicht stoppen, sondern sieht sich den Filmauszug ganz an. Dabei erfährt der Leser zum ersten Mal Einzelheiten von den Ereignissen in Avignon – Ereignisse, die Faber in der „Ersten Station" (vgl. S. 125) ausgelassen und wohl verdrängt hatte.

Erinnerungen auf Filmmaterial

Faber wartet das Eintreffen des Vorstandes von Hencke-Bosch nicht ab, sondern verlässt das Firmengebäude, ohne später eine Erinnerung daran zu haben (vgl. S. 191). Er geht „wie blind" (S. 192) durch Düsseldorf zum Bahnhof und fährt dann mit dem Zug nach Zürich. Faber, der bislang immer an technischen Dingen interessiert war, lässt die Filmrollen bei Hencke-Bosch zurück (vgl. S. 191). Er gibt auch an, nicht mehr zu wissen, welchen Zug er genommen hat („*Helvetia-Expreß* oder *Schauinsland-Expreß*", S. 191). Dies ist ein Hinweis auf seine veränderte Weltsicht. Unterstützt wird diese These vom Wandel Fabers durch seine Aussagen im Zug: „ich weine nicht, ich möchte bloß nicht mehr da sein, nirgends sein. [...] Ich habe nichts mehr zu sehen. [...] Ich möchte bloß, ich wäre nie gewesen." (S. 192)

Fabers Abreise aus Düsseldorf – eine Flucht vor der Vergangenheit

Die letzten Gedanken Fabers im Speisewagen nach Zürich (vgl. S. 192) beziehen sich auf das Ödipus-Motiv des griechischen Mythos: „Warum nicht diese zwei Gabeln nehmen, sie aufrichten in meinen Fäusten und mein Gesicht fallen lassen, um die Augen loszuwerden?" (S. 192) So wie

Wunsch nach Blindheit

Ödipus, der seinen Vater tötete und seine Mutter heiratete, sich selbst durch Blendung bestrafte, denkt nun Faber daran, sich das Augenlicht zu nehmen. Die echte Blindheit soll ihn symbolisch von seiner bisherigen Lebensblindheit heilen.

Reflexion über Hannas Verhalten (S. 192–193)

Hannas Freundlichkeit gegenüber dem sterbenden Faber

In seinem handschriftlichen Tagebucheintrag drückt Faber aus, dass er Hanna nicht verstehen könne. Er versteht nicht, wie sie ihn nach dem Tod Sabeths aushalten kann und dabei noch freundlich zu ihm ist (*„sie bringt mir, was ich noch wünsche, sie hört mich an"*, S. 192). Er wundert sich, dass sie ihm keine Vorwürfe macht, und notiert: *„Ein einziges Mal habe ich Hanna verstanden, als sie mit beiden Fäusten in mein Gesicht schlug, damals am Totenbett."* (S. 193) Dabei übersieht er möglicherweise die Zusammenhänge: Hannas Haare sind *„weißer geworden"* (S. 192), was bedeutet, dass die Ereignisse sie sehr mitgenommen haben. Die Wendung *„was ich noch wünsche"* (S. 192), die Faber verwendet, sollte ihm zu denken geben: Vermutlich hat Hanna den schlechten gesundheitlichen Zustand Fabers längst erkannt, weiß, dass er bald sterben muss, und ist sich darüber im Klaren, dass Vorwürfe in dieser Situation wenig hilfreich sind.

Rückblende: Faber in Zürich (S. 193–198)

Letzter Besuch Fabers in seiner Heimatstadt: Wiedersehen mit Professor O.

Faber fährt von Düsseldorf nach Zürich, obwohl er „in Zürich nichts zu tun" (S. 193) hat und von Williams, seinem Chef, in Paris erwartet wird (vgl. S. 193). In Zürich trifft Faber Professor O., den er nicht sogleich wiedererkennt (vgl. S. 193): „ein Schädel mit Haut darüber, die Haut wie gelbliches Leder, sein Ballon-Bauch, die abstehenden Ohren, seine Herzlichkeit, sein Lachen wie bei einem Totenkopf, seine Augen noch immer lebendig" (S. 193). Er erschrickt über das Aussehen von Professor O., bezieht es aber in keiner Weise auf sich selbst; ganz im Gegenteil. Er stellt fest, dass der Kellner Peter ihn „unverändert" (S. 194) findet.

Das Gespräch zwischen Faber und Professor O. ist rückwärtsgewandt, auf die Vergangenheit bezogen:

Themen aus der Vergangenheit: Hinweis auf den Tod

- Professor O. bedauert, dass Faber „damals" seine Dissertation nicht gemacht habe (S. 194).
- Faber bemerkt die Prostituierten („Die Odéon-Kokotten wie damals", S. 194).
- Die besten Tage des Cafés sind vorüber, Professor O. berichtet, dass es abgerissen wird (vgl. S. 194).

Wenn Professor O. fragt „‚Wie geht's Ihrer schönen Tochter?'" (S. 194), erkennt der Leser, dass auch hier ein Thema aus der Vergangenheit angesprochen wird, das mit dem Aspekt des Todes korrespondiert.

Endzeitstimmung macht sich auch auf Fabers Flug nach Athen breit, von dem er selbst sagt, es sei sein „letzter Flug" (S. 194). Faber überfliegt die Schweiz, nennt bekannte Naturobjekte („Vierwaldstättersee", „Eiger", „Jungfrau" usw., S. 194), rekapituliert die Vergleiche, die er mit Sabeth angestellt hat, und sinniert über das Licht auf den höchsten Berggipfeln: „Licht, das man mit dem Tod bezahlen müßte" (S. 196). Erneut eine Vorausdeutung auf Fabers Ende.

Der Flug nach Athen als weiterer Hinweis auf Fabers Ende

Beim Zwischenaufenthalt in Rom kündigt Faber seine Stelle („Depesche an Williams", S. 197), mit der er sich stets identifiziert hat. Dies ist als endgültige Abkehr von seiner bisherigen Lebensweise zu verstehen, ebenso wie sein Verhalten beim Landeanflug auf Athen, wo er operiert werden soll: Der Absatz beginnt mit den Worten „Ich war gespannt, als fliege ich zum ersten Mal in meinem Leben" (S. 197). Er beschreibt, wie er die Landung des Flugzeugs wahrnimmt – als Erlebnis, das der nüchterne Techniker bislang stets abgestritten und abgelehnt hat.

Die veränderte Lebenseinstellung Fabers

Die letzte Nacht im Krankenhaus von Athen
(S. 198–203)

Zu Beginn des Tagebucheintrags aus dem Krankenhaus stellt Faber fest, dass er von den Untersuchungen *„erledigt"* (S. 198) sei und dass er am nächsten Tag operiert werde.

18.00 Uhr:

Verlust der „Hermes-Baby"

Seine Schreibmaschine (Hermes-Baby) wird ihm genommen, „Hermes" hat in seiner Rolle als Seelenführer zum Tod seine Aufgabe erfüllt – Faber ist an seinem Ziel angekommen.

24.00 Uhr:

Fabers Sehnsucht nach dem Leben

Nach dem Besuch von Hanna kann Faber nicht schlafen, weil er weiß, wie es um ihn bestellt ist: Er hat Magenkrebs, unheilbar und nicht mehr operabel (*„ich weiß, daß ich verloren bin"*, S. 198). Nun sehnt er das Leben herbei, vor dem er lange weggelaufen ist (*„Ich hänge an diesem Leben wie noch nie, und wenn es nur noch ein Jahr ist, ein elendes, ein Vierteljahr, zwei Monate"*, S. 198). Trost empfindet er, weil er sich nicht allein fühlt: *„Hanna ist mein Freund"* (S. 198).

04.00 Uhr:

Fabers Wissen um seine verfehlte Existenz

In seinem Testament (*„Verfügung für Todesfall"*, S. 199) bestimmt Faber, dass alle Zeugnisse seiner Existenz vernichtet werden sollen, denn *„es stimmt nichts"* (S. 199): Faber hat erkannt, dass seine Existenz verfehlt gewesen ist, dass er sich selbst auf den Typ Techniker eingeschränkt und dabei andere Lebensformen von vornherein ausgeblendet hat. Deshalb sein Wunsch: *„Irgendwo (wie der Alte neulich in Korinth) Esel treiben, unser Beruf!"* (S. 199). Er erkennt auch, dass Sabeth ihr Leben richtig gelebt hat (*„wie unser Kind, als es sang"*, S. 199), und bedauert, dies nicht ebenso geschafft zu haben; so gilt für ihn die Schlussformel *„[e]wig sein: gewesen sein"* (S. 199) nicht.

04.15 Uhr:

Faber berichtet vom Zustand Hannas nach dem Tod Sabeths: dass sie *„weg von Griechenland!"* (S. 199) wollte, deshalb ihre Wohnung und ihre Arbeitsstelle aufgegeben, ihre persönlichen Dinge, soweit möglich, verkauft, viele Bücher verschenkt hat (vgl. S. 199). Hanna war bereits auf dem Schiff nach Neapel, das sie dann aber kurzentschlossen nur mit dem Handgepäck wieder verlassen hatte, da ihr die Flucht aus Athen – und um etwas anderes handelt es sich nicht – *„[p]lötzlich [...] sinnlos"* (S. 200) vorkam. Ähnlich wie Faber kann aber Hanna auch nicht mehr in ihr altes Leben zurück; ihre Stelle ist neu besetzt, weshalb sie sich als Fremdenführerin finanziell über Wasser zu halten versucht (vgl. S. 200).

Auch Hanna will vor ihrem alten Leben weglaufen

06.45 Uhr:

Faber erinnert sich daran, dass Hanna im Hinblick auf Sabeth immer nur von ihrem Kind gesprochen hat (*„Das Kind, als es dann da war, hat mich nie an dich erinnert, es war mein Kind, nur meines."*, S. 200). Dieser Tagebucheintrag ist besonders deshalb wichtig, weil er das Wesen Hannas erhellt: Hanna, die Joachim liebt, *„gerade weil er nicht der Vater [ihres] Kindes war"* (S. 200), die nach Aussage Joachims wie auch Fabers tut *„wie eine Henne"* (S. 201), die *„allerlei vernünftige Gründe"* (S. 202) anführt, um nicht auch noch mit Joachim ein Kind zu haben, und sich sterilisieren lässt, obwohl Joachim sehr auf ein Kind hofft (vgl. S. 202)

Beschreibung von Hannas Wesen ...

Genau besehen verhält sich Hanna hier so wie Faber beziehungsweise benutzt sie die gleichen Argumente wie dieser in der Situation mit Sabeth. Dies unterstreicht letztlich den Vorwurf Fabers an Hanna, sie habe ein Kind ohne Vater gewollt, den Joachim ähnlich formuliert: *„Du willst keinen Vater im Haus!"* (S. 202). Es verdeutlicht außerdem, dass sich Hanna in einer analogen Situation genauso falsch ver-

... und ihrer Schuld

halten hat wie seinerzeit Faber. Deshalb ist es jetzt Joachim, der die Beziehung beendet (*„Joachim meldet sich […] freiwillig zur Wehrmacht."*, S. 202).

Der tragische Tod Elisabeths

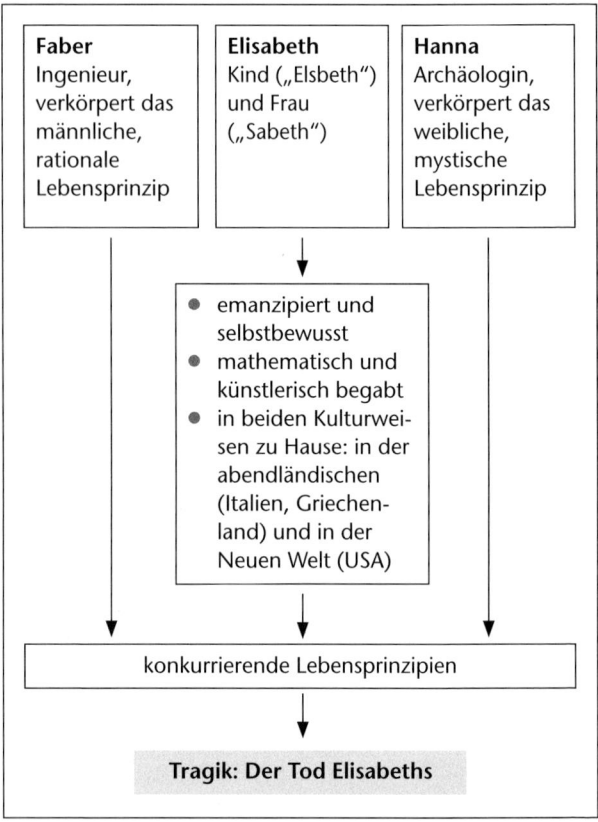

Hanna und „ihr Kind"

Im weiteren Verlauf dieses Tagebucheintrags berichtet Faber über die Beziehung zwischen Hanna und Sabeth, die *„ihr ganzes Leben für ihr Kind [opfert]"* (S. 202), als Halbjüdin mit *„ihrem Kind"* (S. 202) vor dem nationalsozialistischen Terror flieht, es selbst unterrichtet, *„wo es keine* *deutschsprachige Schule gibt"* (S. 202), mit vierzig Jahren lernt, Geige zu spielen, *„um ihr Kind begleiten zu können"* (S. 202) usw. Außerdem erklärt Faber, dass Hanna inzwischen selbst erkannt habe, dass sie am Tod Sabeths ebenso schuldig geworden sei wie Faber. Auch sie hat das Mädchen ausschließlich als ihr Geschöpf betrachtet und es so behandelt. Deshalb bittet sie auch Faber auf Knien um Verzeihung (vgl. S. 202 f.), was dieser nicht verstehen kann, da er doch seine eigene Schuld inzwischen akzeptiert.

08.05 Uhr:
Der letzte Tagebucheintrag (*„Sie kommen."*, S. 203) überlässt dem Leser die Deutung des Romanschlusses, der jedoch langfristig vorbereitet ist, sodass kein Zweifel daran besteht, dass Faber die Operation nicht überleben wird.

Das Ende der Aufzeichnungen – Fabers Ende

Hintergründe

Max Frisch – sein Leben

Herkunft

Max Frisch, geboren am 15. Mai 1911 in Zürich, entstammt einem bürgerlichen Elternhaus; sein Vater Bruno Frisch war Architekt, seine Mutter Karolina Bettina Frisch hatte vor der Hochzeit als Gouvernante gearbeitet. Schon der junge Max Frisch hatte sich als Schriftsteller gesehen und als  Schüler ein erstes Drama geschrieben, auf Drängen des Vaters jedoch eine bürgerliche Laufbahn eingeschlagen und

Studium

1930 mit dem Studium der Germanistik begonnen, dieses jedoch schon 1932 – nach dem Tod des Vaters – aufgegeben, weil es ihm unbefriedigend erschien.

Tätigkeit als Journalist

Danach betätigte er sich wieder schreibend und verfasste Zeitungsartikel (z. B. von der Eishockey-Weltmeisterschaft in Prag 1933) und Prosatexte (z. B. „Jürg Reinhart. Eine sommerliche Schicksalsfahrt", 1934), bevor er 1936 erneut beschloss, ein Studium aufzunehmen, diesmal das der Architektur. Frisch hatte scheinbar mit der Schriftstellerei abgeschlossen, sich eine bürgerliche Existenz aufgebaut: In einem Wettbewerb hatte er den Zuschlag für den Bau des Züricher Freibads „Letzigraben" bekommen, daraufhin den Schritt in die Selbstständigkeit gewagt und ein eigenes

Architekt

Architekturbüro eröffnet und schließlich 1942 seine Kollegin Constance von Meyenburg geheiratet, mit der er drei gemeinsame Kinder bekam. Diese Verbindung, die bis 1954 andauerte, wurde 1959 geschieden.

Frisch hatte schon 1955 sein Architekturbüro verkauft und sich wieder als Schriftsteller betätigt. Dazu kam, dass er eine Verbindung mit der Autorin Ingeborg Bachmann eingegangen war, mit der er in den Jahren 1960 bis 1965 in Rom zusammenlebte. 1965, längst schon ein etablierter, oft mit Preisen bedachter Autor, verlegte Max Frisch seinen Wohnsitz nach Berzona im Tessin, 1972 dann nach Berlin. Ab 1979 hielt er sich abwechselnd in New York und Berzona auf. In seinen späten Jahren beschäftigte sich Frisch zunehmend mit politischen Problemen (atomwaffenfreie Welt, Beibehaltung der Schweizer Armee, Bespitzelung von Prominenten in der Schweiz durch den Staat usw.). *Mit Ingeborg Bachmann in Rom*

Häufiges Reisen war ein Charakteristikum von Max Frisch. Schon 1933 besuchte er Osteuropa und den Balkan (Tschechoslowakei, Jugoslawien, Türkei, Griechenland), 1948 bereiste er Wien, Prag, Paris, Breslau und Warschau. Von 1951 bis 1952 lernte er mithilfe eines Stipendiums der Rockefeller-Stiftung die USA kennen, 1956 folgte Mittelamerika, 1966 und 1968 die Sowjetunion, 1969 Japan. 1975 war er auf Einladung des deutschen Bundeskanzlers Helmut Schmidt als Mitglied der offiziellen deutschen Delegation in China. *Reisen*

Für seine literarischen Werke und sein Engagement als Autor erhielt Frisch viele wichtige Auszeichnungen und Preise in Deutschland und in aller Welt, z. B. den Georg-Büchner-Preis (1958), den Schiller-Gedächtnispreis des Landes Baden-Württemberg (1965), den Literaturpreis der Stadt Jerusalem (1965) und den Friedenspreis des Deutschen Buchhandels (1976). *Auszeichnungen*

Max Frisch starb am 4. April 1991 in Zürich.

Max Frisch – sein Werk

Max Frisch hat früh für die Bühne geschrieben und während seiner Jahre als Architekt, als er zum Schreiben nur wenig Zeit fand, das literarische Tagebuch entwickelt, in dem er wesentliche Gedanken und Skizzen festhielt, um sie *Das literarische Tagebuch*

– wenn er Zeit dazu fände – zu bearbeiten. Ein Schlüssel-text zum Verständnis von Frischs Werken ist sein „Tage-buch 1946–1949" (erschienen 1950 – wie fast alle seine Werke – im Frankfurter Suhrkamp Verlag), in dem Stoffe wie „Biedermann und die Brandstifter" und „Andorra", die Frisch später zu eigenständigen Dramentexten ausgestal-tet hat, bereits im Kern angelegt sind.

„Biedermann und die Brandstifter"

„Biedermann und die Brandstifter" (1958 erschienen) ist ein Parabelstück, das vor dem Hintergrund des Terrors der Nationalsozialisten im Dritten Reich gedeutet werden kann: Im Haus des Herrn Biedermann nisten sich zwei Män-ner – Schmitz und Eisenring – ein, die ganz offensichtlich Brandstifter sind. Sie bringen Fässer mit Petroleum ins Haus und lagern sie auf dem Dachboden, holen Holzwolle, also leicht entzündliches Material, und bitten Biedermann schließlich auch noch um Streichhölzer. Herr Biedermann erkennt die Gefahr, die von den beiden ausgeht, es gelingt ihm, da er sich für einen Menschenfreund hält, aber nicht, dem Treiben Einhalt zu gebieten. Am Ende brennt nicht nur sein Haus, sondern die ganze Stadt.

„Andorra"

Im Drama „Andorra" (1961) steht der junge Andri im Mit-telpunkt. Der Fantasieort Andorra, der nichts mit dem ech-ten Staat Andorra zu tun hat, ist vom Nachbarstaat, den „Schwarzen", bedroht. Andri wurde von einem andorra-nischen Lehrer aufgrund seiner angeblichen jüdischen Ab-stammung aus dem Nachbarland gerettet und großgezo-gen. Die Andorraner behandeln Andri als Juden und schrei-ben ihm sämtliche Vorurteile als tatsächliche Eigenschaften zu. Andri übernimmt immer mehr die gesellschaftlichen Erwartungen an ihn und verinnerlicht die ihm zugeschrie-benen Eigenschaften. Als die „Schwarzen" Andorra über-fallen, stellt sich heraus, dass Andri der leibliche Sohn des Lehrers ist, den dieser gemeinsam mit einer „Schwarzen" hat. Andri hat sich aber inzwischen so in seine Rolle als Jude gefügt, dass er nicht mehr auszubrechen vermag und schließlich als Jude umgebracht wird.

Die Andorraner treten zur „Judenschau" an, Szene des Theaterstücks „Andorra". (Verein www.theaterspielgemeinde.de)

Die Dramen „Biedermann und die Brandstifter" und „Andorra" wurden zu Bühnenerfolgen in Deutschland, Österreich und der Schweiz. Große Erfolge im Bereich der Prosaliteratur hatte Max Frisch mit den Romanen „Stiller", „Homo faber" und „Mein Name sei Gantenbein".

Der erste Romanerfolg Max Frischs „Stiller" (1954) thematisiert die vergebliche Suche des Züricher Bildhauers Anatol Ludwig Stiller nach seinem „wahren Ich". Der erfolglose Bildhauer verschwindet nach siebenjähriger, unbefriedigender Ehe mit Julika spurlos. Wiederum sieben Jahre später kehrt er mit einem gefälschten amerikanischen Pass als James Larkin White nach Zürich zurück, wird erkannt und wegen einer vermeintlichen Verwicklung in eine Spionageaffäre verhaftet. Obwohl er seine wahre Identität leugnet („Ich bin nicht Stiller!"), wird diese von Amts wegen festgestellt und er zum weiteren Zusammenleben mit Julika „verurteilt". „Stiller"

„Mein Name sei
Gantenbein" Auch im Roman „Mein Name sei Gantenbein" (1964) er-
probt Frisch das Spiel mit verschiedenen Rollen. So tritt der
Erzähler in drei verschiedenen Rollen auf: Einmal als Enderlin, der ein Verhältnis mit Lila hat, diese Rolle aber aufgibt,
als sich die beiden nichts mehr zu sagen haben; dann als
Gantenbein, als betrogener Ehemann Lilas, der vorgibt,
nach einem Autounfall blind zu sein, und als „Blinder" versucht, seine Ehe zu retten; schließlich als Svoboda, Lilas ers-
ter Mann, der von ihrer Liebe zu Enderlin erfahren hat und
sich mit der Rolle des ungeliebten Ehemanns abfindet.

Das Thema „Identität"

Max Frischs
Thema: das Ich In den wichtigsten Werken Max Frischs geht es nicht um
vordergründig politische Themen. Auch Gesellschaftskritik
kommt nur sehr vermittelt vor, anders als bei den wichtigen deutschen Autoren, die zeitgleich mit Frisch lebten
und publizierten, z.B. Heinrich Böll, Günter Grass oder
Martin Walser. Bei Frisch steht das Individuum im Mittelpunkt, das Ich, das sich seiner Identität nicht sicher ist, das
Individuum in der Krise.

Die Rollen-
problematik in
den Werken
Max Frischs Schon 1932 hat Frisch in einem Essay die Frage gestellt:
„Wer bin ich?"[1]. Diese Frage bestimmt auch die Figuren
seiner Texte:

- Andri in „Andorra", der schließlich das Bild annimmt,
  das sich seine Mitmenschen von ihm machen, und
  darauf besteht, Jude zu sein;
- Herr Biedermann, der den Menschenfreund gibt – egal,
  was um ihn herum passiert;
- Stiller, der seine Identität verschleiern will und deshalb
  wegen Mordes angeklagt wird;

---

[1] Walter Schmitz (Hg.): Max Frisch: Gesammelte Werke, Band 1, Frankfurt am Main 1976, S. 10 ff.

- und auch Walter Faber, der sich eine Identität zulegt, die ihm aber nicht entspricht, und der deshalb das Leben verfehlt.

In den genannten Fällen setzen sich die Figuren mit dem Fremdbild auseinander, das sich andere von ihnen machen, beziehungsweise sie passen ihr eigenes Selbstbild an die gesellschaftlichen Erwartungen an und erlegen sich damit eine Rolle auf, an der sie letztlich scheitern.

Schon im „Tagebuch 1946–1949" hatte Max Frisch gefordert: „Du sollst dir kein Bildnis machen, heißt es von Gott. Es dürfte auch in diesem Sinne gelten: Gott als das Lebendige in jedem Menschen, das, was nicht erfaßbar ist. Es ist eine Versündigung, die wir, so wie sie an uns begangen wird, fast ohne Unterlaß wieder begehen – ausgenommen wenn wir lieben."[1] Diese Bildnisthematik ist nur scheinbar privat, im Tagebuch ist sie zwischen zwei Berichten über das vom Krieg zerstörte Deutschland platziert. Sie beschreibt das Problem der menschlichen Identität, also das Rollenproblem, das ein gesellschaftliches Problem ist: Welche Rolle nimmt der Mensch ein? Stimmen sein Selbstbild und sein Fremdbild überein? Wenn nicht – welcher Rollenkonflikt erwächst daraus?

„Du sollst dir kein Bildnis machen ..."

Selbstbild vs. Fremdbild ...

Das Werk Max Frischs gibt Antworten auf diese Fragen:

... in den Werken Max Frischs ...

- Andri stirbt, weil ihn seine Mitmenschen auf eine Rolle, die er gar nicht ausfüllen kann, festlegen;
- Herr Biedermann ist schuld daran, dass sein Haus und die ganze Stadt brennen, weil er lieber als Menschenfreund gesehen werden will, als dass er das offensichtliche Treiben der Brandstifter stoppen würde;
- Stiller versucht, seine Identität zu wechseln, was ihm einfacher erscheint, als die Vorurteile seiner Mitmenschen ihm gegenüber abzustreifen;

---

[1] Max Frisch: Tagebuch 1946–1949, Frankfurt am Main 1979, S. 37

... und im Roman
„Homo faber"

- Walter Faber macht sich von sich selbst ein Bildnis, Hanna ebenso. Beide versuchen, das Bildnis, also die Rollenerwartung, die sie an sich selbst richten, zu erfüllen – und beide scheitern; beide leben ihr Leben falsch, weil sie an sich selbst vorbeileben. Faber lebt nach dem Selbstkonzept des Technikers; er will alles ignorieren, was ihm irrational erscheint. Damit hat er dereinst die Abtreibung seiner Tochter befürwortet und am Ende seines Lebens versucht er, die Liebesbeziehung, die er zu Hanna hatte, mit Sabeth zu wiederholen, weil diese mit Hanna einst scheiterte. Hanna wiederum reduziert sich selbst auf ihre (alleinstehende) Mutterschaft. Sie will nicht, dass Sabeth von ihrem Vater weiß bzw. ihn kennenlernt, was dann den Inzest erst ermöglicht.

Die Entstehungszeit des Romans „Homo faber"

Erscheinungsjahr
1957

Max Frisch hat seinen Roman „Homo faber" in den Jahren von 1955 bis 1957 niedergeschrieben, 1957 ist dieser erschienen, zeitgleich mit Alfred Anderschs Roman „Sansibar oder der letzte Grund" und dem Gedichtband „Verteidigung der Wölfe" von Hans Magnus Enzensberger. 1959 folgten „Die Blechtrommel" von Günter Grass und „Billard um halbzehn" von Heinrich Böll, 1960 „Halbzeit" von Martin Walser. Diese Aufzählung macht deutlich, dass in den Texten der deutschen Autoren in der zweiten Hälfte der 50er-Jahre andere Schwerpunkte gesetzt wurden als beim Schweizer Max Frisch:

Kein „Nullpunkt"

- Nach dem „Nullpunkt" bzw. „Kahlschlag" in der deutschen Literatur im Jahr 1945, den es eigentlich nicht gab, weil immer Traditionen weiterwirken, beschäftigten sich die Autoren in den 50er-Jahren mit

den Themen der (unmittelbaren) Vergangenheit:
Leben in Deutschland während des Nationalsozialismus, das Schicksal der Juden in Deutschland, Anpassung an und Verweigerung gegen das NS-Regime, Widerstand gegen die Machthaber usw.

Literatur der
50er- ...

- Den großen Epikern der Restaurationsjahre der Bundesrepublik Deutschland ging es in den späten 50er- und 60er-Jahren um eine kritische Auseinandersetzung mit der neu entstandenen Bundesrepublik, mit der Wohlstandsgesellschaft und mit dem Vergessen und Verdrängen der individuellen und kollektiven Schuld während der NS-Herrschaft. Eine wichtige Rolle spielte in diesem Zusammenhang die „Gruppe 47", eine lockere Vereinigung von Schriftstellern, die, von Alfred Andersch und Hans Werner Richter angeregt, zu gelegentlichen Versammlungen und Lesungen zusammenkamen. Max Frisch besuchte diese Veranstaltungen trotz mehrfacher Einladung jedoch nie. Intensiveren Kontakt hatte Frisch zu zwei anderen

...und 60er-Jahre

Autoren, mit denen er einen Briefwechsel unterhielt und mit denen er sich auch über Theaterprobleme austauschte: Bertolt Brecht und Friedrich Dürrenmatt.

Kontakt zu Brecht
und Dürrenmatt

Bertolt Brecht und
Max Frisch

NS-Regime als Hintergrund der Handlung im Roman „Homo faber"

Der Schweizer Max Frisch war weniger von der unmittelbaren Vergangenheit beeinflusst als die deutschen Autoren. Zwar spielt der Roman „Homo faber" vor dem Hintergrund der Erfahrungen des Dritten Reichs, etwa wenn Faber zur Heirat mit Hanna bereit ist, um sie als Jüdin dadurch vor der Abschiebung aus Deutschland zu schützen, oder wenn Herbert Hencke sich noch immer nicht vollständig vom nationalsozialistischen Gedankengut lösen kann („Unterscheidung nach Herrenmenschen und Untermenschen, wie's der gute Hitler meinte, sei natürlich Unsinn; aber Asiaten bleiben Asiaten", S. 9), Frisch wendet sich in seinem Roman aber schon seiner ureigenen Identitätsproblematik zu. Daneben gibt er eine kritische Beschreibung des American Way of Life, der damals in Deutschland noch viel Zustimmung fand, wurden doch die Amerikaner als Befreier von den Nationalsozialisten gesehen.[1]

Kritik am „American Way of Life"

Die Struktur des Romans

Zwei Stationen

Faber erzählt die Handlung des als „Bericht" bezeichneten Romans in zwei „Stationen"[2]. Die „Erste Station" wurde während seines Aufenthalts in Caracas zwischen dem

---

[1] Die Amerika-Kritik der deutschen Autoren wurde in der Regel erst in den 60er-Jahren geäußert (vgl. Erich Fried, Peter Schneider, Heinar Kipphardt u. a.).

[2] In der Entwurfsfassung war die Erste Station mit „Die Super-Constellation", die Zweite Station mit „Die Eumeniden" überschrieben.

21.06. und dem 08.07.1957, die „Zweite Station" im Krankenhaus von Athen niedergeschrieben, während Faber auf die bevorstehende Magenoperation wartet (19.07. bis 21.07.1957).

Zudem besteht der Roman aus einem kunstvollen Geflecht aus Vorausdeutungen und Nachträgen, die es dem Autor ermöglichen, die Vorgeschichte der Handlung erst nach und nach zu enthüllen, ebenso wie einzelne Handlungen und das Ende des Romans schrittweise vorweggenommen werden. Dies führt zu einer Erzählweise, bei der der Leser oft schon mehr ahnt oder weiß, als der Erzähler preiszugeben gewillt ist. Es führt auch dazu, dass die Erzählweise und damit die Absicht Fabers, sich von der Schuld am Tod Elisabeths freizusprechen, durchschaubar werden, wodurch der Autor im Gegensatz zum Erzähler sein Ziel erreicht: den Leser über das verfehlte Leben der Hauptfigur in Kenntnis zu setzen. Max Frisch setzt diese Technik bewusst ein, wie seine Erläuterungen in einer Fernsehsendung des Westdeutschen Fernsehens vom 15. Oktober 1970 belegen: „Er lebt an sich vorbei, und die Diskrepanz zwischen seiner Sprache und dem, was er wirklich erfährt und erlebt, ist das, was mich dabei interessiert hat. Die Sprache ist hier also der eigentliche Tatort. [...] Wir sehen, wie er sich interpretiert. Wir sehen im Vergleich zu seinen Handlungen, daß er sich falsch interpretiert. Wäre das in Er-Form, so wäre ich als Autor der herablassende Richter; so richtet er sich selbst."[1] Damit wird klar, dass der Roman „Homo faber" ein analytischer Roman ist, bei dem nicht nur der Ich-Erzähler sich selbst kennenlernt, sondern schließlich auch der Leser das ganze Ausmaß dieser klassisch anmutenden Tragödie erfährt.

Kunstvolles Spiel mit der Zeit ...

... und der Erzählhaltung

Analytisches Erzählen

---

[1] Zit. nach: Werner Koch: Selbstanzeige. Max Frisch im Gespräch. Sendung des Westdeutschen Fernsehens, Köln, vom 15. Oktober 1970. In: Walter Schmitz: Max Frisch „Homo faber", München 1977, S. 17

Aufbau und Erzählstruktur

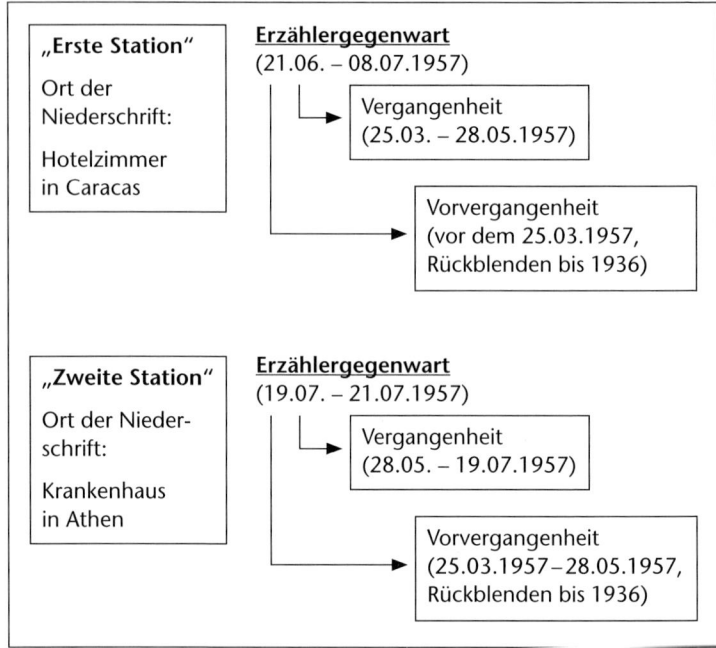

Erzähltechnik und Sprache

Walter Faber – ein glaubwürdiger Erzähler?

Der fiktive Autor des gesamten Berichts ist der Ingenieur Walter Faber. Daraus ergeben sich in der Forschungsliteratur vieldiskutierte wirkliche und vermeintliche Unstimmigkeiten, die in der Frage gipfeln: Ist ein Mann, der Gefühle und Stimmungen ablehnt, Künstler verachtet und für sich selbst nur eine von der modernen Technik geprägte Lebensform zulässt, glaubwürdig als Erzähler eines Romans? Zur Lösung dieses Problems sei auf folgende Aspekte hingewiesen:

- Faber schreibt einen Bericht an Hanna (vgl. S. 170), um sich für die Vorgänge in Avignon und Akrokorinth zu rechtfertigen. Dieser Bericht nimmt immer mehr die Form eines Tagebuchs an – am Ende sind die Einträge nach Uhrzeit datiert –, er verändert sich also von der scheinbar objektiven Gattung zur subjektiven.

  Rechenschaft vor Hanna

- Faber ist in dem Augenblick, als er beginnt, den Bericht zu schreiben, schon nicht mehr der Alte, er ist in seinem naturwissenschaftlich geprägten Weltbild aufgrund von Sabeths Tod und dem Wissen um den Inzest erschüttert.

  Fabers Wandlung

- Max Frisch gab in einem Gespräch mit Werner Koch folgende Erläuterung: „Der ‚Homo faber‘ hätte nur rational gesprochen diese Nötigung [zu schreiben]. Er ist auf den Tod krank, und er versucht sich Rechenschaft abzulegen, d. h. er versucht sich zu verteidigen, daß er an allem nicht schuld sei. Es bleibt aber, das muß ich zugeben, ein Rest, der nicht ganz aufgeht. Das kommt daher, daß man natürlich als Schriftsteller zu sehr annimmt, daß fast jeder Mensch diesen Drang hätte, sich durch Sprache zu manifestieren, und das muß ein Ingenieur nicht haben. Also dort liegt eine kleine Unstimmigkeit – ohne Zweifel."[1]

  Kniff des Autors

- Insgesamt gilt es, die Differenz zwischen Autor und Erzähler zu beachten: Max Frisch ist der Autor des Romans, Walter Faber der Verfasser des Berichts. Das bedeutet auch, dass die sprachlichen Unzulänglichkeiten des Berichts nicht Frisch anzulasten sind, sondern – als Rollensprache Fabers – die Authentizität seiner Aussagen beglaubigen sollen.

  Differenz zwischen Autor und Erzähler

---

[1] Zit. nach: Werner Koch: Selbstanzeige. Max Frisch im Gespräch. Sendung des Westdeutschen Fernsehens, Köln, vom 15. Oktober 1970. In: Walter Schmitz: Max Frisch „Homo faber", München 1977, S. 17

Faber gibt die Handlung als auktorialer bzw. als personaler Ich-Erzähler wieder, je nachdem, ob er Erinnertes oder Aktuelles niederschreibt. Als auktorialer Ich-Erzähler geht Faber souverän mit seinem Stoff um und nützt die zur Verfügung stehenden Mittel des Erzählens – Vorausdeutungen, Rückblenden, Anspielungen, Exkurse und Auslassungen – für seine Erzählabsichten.

Auktoriale bzw. personale Erzählsituation

Die Sprache Fabers ist geprägt von einer Vielzahl von Besonderheiten, die vom Autor bewusst gewählt sind und eine jeweils spezifische Funktion haben:

Fabers Sprache

- In der „Ersten Station" ist ein nüchtern wirkender, sachlicher Berichtsstil auffallend, der an den wissenschaftlichen Gebrauch der Sprache des Technikers Faber erinnert, z. B.:

Scheinbare Genauigkeit und Sachlichkeit

  - Verzicht auf Adjektive, teilweise auch auf Verben, wodurch ein typischer Berichtsstil entsteht, der von einfacher Syntax und von Nominalfügungen bestimmt ist („Mein Gesicht im Spiegel, während ich Minuten lang die Hände wasche, dann trockne: weiß wie Wachs, mein Gesicht, beziehungsweise grau und gelblich mit violetten Adern darin, scheußlich wie eine Leiche.", S. 11),
  - zahlreiche Daten („20. IV. Abflug von Caracas. 21. IV. Ankunft in New York, Idlewild.", S. 57),
  - präzise Ortsangaben („Das war in Houston, Texas.", S. 10, „von Palenque (Staatsgebiet von Mexico)", S. 14),
  - genaue technische Bezeichnungen („unsere Super-Constellation (damals ist es eine DC-4 gewesen), S. 17),
  - eingefügte Lautsprecheransagen auf Flughäfen („*Your attention please*", S. 11; „*There is no danger at all*", S. 16),
  - Zitate aus wissenschaftlicher oder allgemein anerkannter Literatur („Vergleiche hierzu: Ernst Mally

Wahrscheinlichkeit und Gesetz, ferner Hans Reichenbach *Wahrscheinlichkeitslehre* [...]", S. 22).

- Hinter Jargon, Zynismus und Floskelhaftigkeit verbirgt Faber seine Unsicherheit im zwischenmenschlichen Bereich bzw. auf der Gefühlsebene:

  Vertuschung von eigener Unsicherheit

  - Jargon: teilweise schnoddriger Ton, Faber gibt sich weltläufig und respektlos („Nur unser Ruinen-Freund schwatzte viel", S. 39).
  - Zynismus: Gerichtet gegen alles, was Faber für irrational hält und von dem er sich deshalb bedroht sieht: Marcels Künstlertum, Weiblichkeit, Leben usw. Sabeth weist wiederholt auf Fabers Zynismus hin: „Sabeth fand mich zynisch. […] Ich bin nicht zynisch. Ich bin nur, was Frauen nicht vertragen, durchaus sachlich." (S. 91)
  - Floskeln (vor allem der Beschwichtigung) gebraucht Faber immer dann, wenn er sich mit Sachverhalten, die ihn irritieren, nicht auseinandersetzen will, z.B.: „was mich nervös machte" (S. 7), „Ich weiß nicht" (S. 8), „Ich wußte nicht, was los ist." (S. 11), „nichts weiter" (S. 11).

- Bildhafte Sprache kommt zu Beginn des Romans so gut wie nicht vor; Faber lehnt es ausdrücklich ab, sich in Vergleichen zu äußern („Es gibt keine urweltlichen Tiere mehr. Wozu soll ich sie mir einbilden? Ich sehe auch keine versteinerten Engel, es tut mir leid; auch keine Dämonen, ich sehe, was ich sehe", S. 24, „Ein Flugzeug ist für mich ein Flugzeug, ich sehe keinen ausgestorbenen Vogel dabei, sondern eine Super-Constellation mit Motor-Defekt, nichts weiter", S. 25). Wenn Faber später, unter dem Eindruck Sabeths, dann doch nach Vergleichen sucht, um innere Wahrnehmungen auszudrücken, so sind diese oft technischer Art („Das Wiehern eines Esels in der Nacht: Wie der erste

  Allmähliches Entstehen einer bildhaften Sprache als Ausdruck einer veränderten Lebenseinstellung

Versuch auf einem Cello! findet Sabeth, ich finde: Wie eine ungeschmierte Bremse!", S. 150 f.).

Die letzte Phase von Fabers Leben ist von tiefem Erleben geprägt, was sich auch in einer veränderten Sprachverwendung ausdrückt. Nun sucht Faber – nicht wie im Spiel mit Sabeth, sondern um die Dinge exakter benennen zu können – eigenständig nach treffenden Vergleichen („ich komme nicht aus dem Gaffen heraus: ihr aufrechter und fließender Gang, die Mädchen in blauen Glockenröckchen, ihr weißes Kopftuch, Fesseln wie bei Negerinnen, ihre nackten Rücken sind gerade so dunkel wie der Schatten unter den Platanen", S. 173 f.).

Zentrale Motive

Wichtige Motive Der Roman „Homo faber" ist ein Klassiker unter den modernen Schullektüren geworden. Dazu trägt mit Sicherheit bei, dass die äußere Handlung eingängig, leicht verständlich und gut nachvollziehbar ist. Doch Frischs Roman besitzt auch eine Tiefenstruktur, die oft erst auf den zweiten Blick erkennbar wird. Die Rede ist von den verwendeten Motiven, die das vordergründige Geschehen erhellen und deuten helfen.

Das Reisemotiv Ein Schlüsselmotiv ist das Reisemotiv. Faber befindet sich während der gesamten Romanhandlung auf Reisen. Seine Reise beginnt in New York, dem Zentrum der modernen Welt, und führt über Mittel- und Südamerika und verschiedene Städte in Europa ins historische Zentrum der „Alten Welt", der Antike, nach Athen. Athen – Kristallisationspunkt der Handlung um Sabeth und Hanna – ist sowohl der Ort der Niederschrift der „Zweiten Station" des Berichts als auch der Ausgangspunkt für den zweiten Teil der Reise Fabers, die ihn noch einmal nach New York und dann weiter über Palenque, Caracas, Kuba nach Düsseldorf und von dort nach Zürich und zurück nach Athen führt. Diese Doppelstruktur – New York – Athen/Athen – New York – Athen – ist deutlich gekennzeichnet als zielgerichteter Weg des modernen Antihelden Faber, der, in der „Neuen Welt" beginnend, in der „Alten Welt" sein Ziel findet. Diese Struktur ist mit der in mittelalterlichen Artus-Romanen[1] vergleichbar, in denen sie die Funktion hatte, den Helden zu erziehen, zu läutern und damit insgesamt zu einem besseren Menschen zu machen. Der Bezug zu Walter Faber drängt sich hier auf: Auch er lernt sich während dieses sogenannten „doppelten Kursus" besser kennen, er erkennt sein falsches Rollenbild und akzeptiert seine Sterblichkeit (*„Ewig sein: gewesen sein.",* S. 199).

Die Reisen Fabers sind voller Anspielungen: Sein ständiger Begleiter ist eine Reiseschreibmaschine mit der Bezeich-

„Hermes-Baby"

nung „Hermes-Baby". Diesen Schreibmaschinentyp gab es in den 50er-Jahren tatsächlich, trotzdem kann man davon ausgehen, dass Max Frisch Walter Faber bewusst diesen Schreibmaschinentyp und keinen anderen benutzen lässt, da er über eine symbolhaltige Bezeichnung verfügt.

Schreibmaschine
vom Typ „Hermes-Baby"

Hermes, der Götterbote, hat in der griechischen Mythologie verschiedene Funktionen; er ist der Schutzgott der Reisenden, der Kaufleute und Hirten, aber auch der Gott der Diebe, der Redekunst und der Magie. Als Götterbote verkündet er die Beschlüsse des Zeus und führt die Seelen der Verstorbenen in den Hades (Unterwelt).

Hermes als Seelenführer in das Reich der Toten

---

[1] Als Beispiel können die höfischen Romane „Erec" und „Iwein" von Hartmann von Aue (etwa zwischen 1160 und 1220) gelten, in denen die Hauptfiguren diesen Doppelweg beschreiten, um ihre Existenz zu rechtfertigen bzw. zu vervollkommnen.

So gesehen übernimmt die „Hermes-Baby", der ständige Begleiter Walter Fabers, die Rolle des Gottes Hermes und begleitet Faber bis zum letzten Aufenthalt im Krankenhaus von Athen. Faber selbst notiert in sein Tagebuch mit Eintrag der Uhrzeit: *„18.00 Uhr Sie haben meine Hermes-Baby genommen."* (S. 198)

Dieses Motiv deutet auf den nie ausgesprochenen Tod Fabers am Ende des Romans ebenso hin wie die Hinweise, die sich durch das Spiegelmotiv ergeben. Drei Mal kommt im Roman eine Szene vor, die Faber vor einem Spiegel zeigt; drei Mal erkennt der Leser, dass Faber nicht mehr lange leben wird, er selbst erkennt es allerdings nicht.

Der Spiegel als Motiv

- Die erste Spiegelszene findet bei der Zwischenlandung in Houston (Texas) statt, bevor Faber in der Toilette des Flughafens ohnmächtig wird („Mein Gesicht im Spiegel, während ich Minuten lang die Hände wasche, dann trockne: weiß wie Wachs, mein Gesicht, beziehungsweise grau und gelblich mit violetten Adern darin, scheußlich wie eine Leiche.", S. 11).

Drei Spiegelszenen

- Die zweite Spiegelszene ereignet sich in einem Lokal in Paris. Faber, der einzige Gast, ist vom Spiegel gegenüber irritiert: „Spiegel im Goldrahmen. Ich sah mich, sooft ich aufblickte, sozusagen als Ahnenbild" (S. 98).

- In der dritten Spiegelszene im Krankenhaus von Athen zeigt sich Faber *„erschrocken"* (S. 170) und notiert: *„Ich bin immer hager gewesen, aber nicht so wie jetzt"* (S. 170), *„Meine Nase ist von jeher zu lang gewesen, doch meine Ohren sind mir nicht aufgefallen. [...] Ich kann mir im Ernst nicht vorstellen, daß mein Schädel kleiner geworden ist. [...]. Schlimm nur die Zähne. Ich habe sie immer gefürchtet; was man auch dagegen tut: ihre Verwitterung."* (S. 170 f.).

Die drei Spiegelszenen zeigen, dass Fabers schwere Erkrankung sehr wohl an seinem Äußeren erkennbar ist (insbesondere im Vergleich mit Professor O.), auch wenn er selbst diese Zusammenhänge leugnet und andere Argumente als Erklärung für sein schlechtes Aussehen vorschiebt. Am Ende seiner Selbstbetrachtungen kommt Faber zu folgendem Ergebnis: *„Überhaupt der ganze Mensch! – als Konstruktion möglich, aber das Material ist verfehlt: Fleisch ist kein Material, sondern ein Fluch."* (S. 171)

Faber verflucht seinen Körper

Doch nicht nur die Spiegelszenen deuten auf den Tod Fabers voraus, auch das Auftreten von Professor O. an verschiedenen Stellen im Roman bzw. an den verschiedenen Orten von Fabers Reise weist auf sein eigenes Ende hin:

Professor O. als Todesbote

- Professor O. war Fabers „geschätzter Lehrer an der Eidgenössischen Technischen Hochschule" (S. 15). In einem Traum zu Beginn des Romans erscheint er Faber, gibt sich dabei „vollkommen sentimental" (S. 15) und „weinte immerfort, obschon er Mathematiker ist" (S. 15).
- Professor O. tritt auch wirklich in Erscheinung: in Paris, als Faber im Begriff ist, mit Sabeth in die Oper zu gehen (vgl. S. 102 ff.), und in Zürich, als Faber seine Heimatstadt ein letztes Mal besucht (vgl. S. 193 f.). Beide Male hat Faber Probleme, seinen einstigen Lehrer zu erkennen.
- Als Faber in Athen auf seine Operation wartet, notiert er in sein Tagebuch: *„Jetzt ist Professor O., den ich in Zürich noch vor einer Woche persönlich gesprochen habe, auch gestorben."* (S. 172) Das gleiche Schicksal ereilt ihn selbst kurze Zeit später.

Mythologie und moderne Technik – ein Gegensatz?

Indem Max Frisch Hanna den Beruf einer Archäologin zuschreibt, eröffnet er sich selbst die Möglichkeit, die antike griechische Mythologie als Gegenpol zur modernen Tech-

Bezüge zur Mythologie

nik zu thematisieren. Die von Frisch einbezogenen Themen sind vielfältig: Ödipus, Hermes, die Eumeniden, Klytämnestra und Agamemnon und ihre jeweiligen Geschichten. Folgende Textstellen verdeutlichen die Bedeutung mythologischer Bezüge für die kritische Auseinandersetzung mit der Welt des Technikers Faber:

Fabers Blindheit

- vgl. S. 7 f.: **Faber als Blinder**: In der griechischen Mythologie treten häufig Blinde als Wahrsager auf, da man glaubte, sie würden klarer „sehen" als die wirklich Sehenden. Ein bekanntes Beispiel ist der Seher Teiresias aus der Odyssee des Homer. In diesem Sinne ist auch der blinde und greise Armin, der Vertraute Hannas in Jugendjahren, ein echter „Seher", da er seiner Gefährtin das Leben zu erklären vermag (vgl. S. 183 f.). Auch Faber ist „blind" – er vermag Sabeth nicht als seine Tochter zu erkennen.

Fabers Lebensweg – eine Irrfahrt?

- S. 68: „unsere Sirenen widerhallten ringsum, so daß man sich die Ohren zuhalten mußte". Diese Anspielung auf die **Irrfahrten des Odysseus** versinnbildlicht, dass auch Faber ein Irrender ist, der sein Leben auf falschen Voraussetzungen aufgebaut hat.

Die symbolische Funktion des Schreibmaschinentyps

- S. 161: *Sie haben meine Hermes-Baby genommen*". Dem olympischen **Gott Hermes** – und hier in Abwandlung der Schreibmaschinentyp mit seinem Namen – werden verschiedene Funktionen zugeschrieben:
  - Götterbote,
  - Schutzgott des Verkehrs, der Reisenden, der Kaufleute und der Hirten,
  - Gott der Diebe und der Kunsthändler,
  - Gelegenheitsmacher des Eros und
  - Seelenführer in das Reich der Toten.

  Die beiden letztgenannten Aufgaben Hermes' sind wohl die, die im Roman „Homo faber" Bedeutung erlangen; doch hat Faber – so kann man weiter überlegen –, wenn ihm seine „Hermes-Baby" abhanden kommt, sein Ziel erreicht. Dies wäre ein weiteres Indiz für seinen bevorstehenden Tod.

- S. 142: „Sie [Hanna] redete von Mythen, wie unsereiner vom Wärmesatz, nämlich wie von einem physikalischen Gesetz, das durch jede Erfahrung nur bestätigt wird [...]. Oedipus und die Sphinx, [...] Athene, die Erinnyen beziehungsweise Eumeniden und wie sie alle heißen, das sind Tatsachen für sie". Faber spielt hier die scheinbar objektive Naturwissenschaft gegen die **Mythologie** – in seinem Sprachgebrauch abwertend „das Mystische" genannt – aus; die Romanhandlung macht jedoch den Irrtum Fabers offenkundig.

Die Funktion von Mythen

Wenn man diese Textstellen betrachtet, drängt sich unweigerlich die Frage auf, ob sie als Gegensatz zur Welt der Technik verstanden werden sollen. Wenn es so wäre, könnte man im Zusammenhang mit dem Roman „Homo faber" von einem „wissenschaftskritischen Roman", von einer allgemeinen Kritik Frischs an der industrialisierten, westlichen Welt sprechen. Doch hat der Mythos seine sinnstiftende Funktion ebenfalls verloren, die Anspielungen Frischs auf die griechische Mythologie sind nur als ironische Umgestaltung (Travestie) lesbar:

„Homo faber" – kein wissenschaftskritischer Roman

Mythos in Form der Travestie

- Möglicherweise waren die häufigen Reisen, die Faber bisher aus beruflichen Gründen unternommen hat, „Irrfahrten"; die Tour durch Frankreich und Italien nach Griechenland ist für ihn eher ein „nach Hause kommen". Darauf weist auch die „Badeszene" hin.
- Agamemnon wird nach seiner Rückkehr aus Troja gemeinsam von seiner Gemahlin Klytämnestra und deren Geliebten Aigisthos im Bade erschlagen. Doch auch dieser Vorgang wird im Roman „Homo faber" ironisch gebrochen: Faber spielt nur mit dem Gedanken, von Hanna ermordet zu werden, ebenso, wie er nur mit dem Gedanken an die Selbstblendung spielt (vgl. S. 192) – er, der vorgibt, vom Mythos nichts zu verstehen.

Im Roman wird offenkundig, dass nicht die naturwissen-
schaftliche Denkweise – wie Faber meint – durch Erfahrung
bestätigt wird; vielmehr wird diese Wirklichkeitserfahrung
gerade durch die Geschichte selbst ad absurdum geführt.
Doch auch der Mythos bewahrheitet sich nur in seiner modernen Umkehrung. Weder der Mythos noch die Naturwis-
senschaften verfügen über ein allgemeingültiges Deu-
tungsrecht der menschlichen Existenz.

Weitere Bezüge zur Mythologie

Die zahlreichen Anspielungen des Romans auf die antike
Mythologie beschränken sich nicht nur auf die Infragestel-
lung des technischen Weltbilds Fabers, sondern beziehen
sich auch auf andere Grundmotive des Romans:

Ödipus

- **Anspielungen auf Ödipus**: In seinem Drama „König
  Ödipus" (aufgeführt 425 v. Chr.) zeigt der griechische
  Dichter Sophokles die Macht der Götter. Indem Ödipus
  sich dem vorbestimmten Schicksal entziehen will,
  erfüllt er es: Er tötet unwissentlich seinen eigenen Vater
  und herrscht als Gatte seiner Mutter über Theben. Erst
  als er den ausfindig machen will, den er für schuldig an
  der Seuche hält, die die Stadt heimsucht, kommt er
  seinem Schicksal auf die Spur und blendet sich. Die
  Parallelen sind deutlich: Wie Ödipus begeht Faber den
  Inzest, wie dieser will er seinem Schicksal entgehen,
  wie dieser denkt er an die Selbstverstümmelung
  („Warum nicht diese zwei Gabeln nehmen, sie aufrichten in meinen Fäusten und mein Gesicht fallen lassen,
  um die Augen loszuwerden?", S. 192).

Agamemnon und
Klytämnestra

- **Anspielungen auf die Sage um Agamemnon und
  seine Gattin Klytämnestra**: Um günstigen Wind für
  den bevorstehenden Kriegszug gegen Troja zu bekommen, soll Agamemnon, der König von Mykene,

seine Tochter Iphigenie der Göttin Artemis opfern.[1] Er ist dazu bereit, verschweigt aber seiner Frau Klytämnestra seinen Plan. Erst in letzter Sekunde lässt Artemis von der Opferung ab und bringt Iphigenie auf die Insel Tauris. Als Agamemnon nach dem zehn Jahre dauernden Kriegszug nach Hause zurückkehrt, wird er von Klytämnestra und ihrem Geliebten Ägist im Bad erschlagen, weil er die Tochter geopfert hat.

Auch Faber hat der Mutter die Tochter weggenommen. Als er in Athen ankommt, wo Hanna ihn bei sich wohnen lässt, nimmt Faber ein Bad. Dazu notiert er: „Ich hatte die Badezimmertür nicht abgeschlossen, und Hanna (so dachte ich) könnte ohne weiteres eintreten, um mich von rückwärts mit einer Axt zu erschlagen" (S. 136). Diese Textstelle zeigt, dass Faber von Schuldgefühlen wegen des Todes von Sabeth geplagt wird.

- **„Geburt der Venus" und „Die schlafende Erinnye":** Die Erinnyen
Als Faber und Sabeth in Rom das Museo Nazionale besuchen, besichtigen sie auch den Ludovisischen Thron, der die Skulptur „Geburt der Venus" zeigt, sowie – schräg gegenüber ausgestellt – die Skulptur „Kopf einer schlafenden Erinnye". Bei der Betrachtung dieser Kunstwerke macht Sabeth plötzlich eine Entdeckung: Sobald sich jemand bei der Skulptur „Geburt der Venus" befindet und von dort aus „Die schlafende Erinnye" betrachtet, wirkt diese „infolge einseitigen Lichteinfalls, sofort viel wacher, lebendiger, geradezu wild" (S. 111). Diese Szene verweist durch den Zusammenhang von entstehender Liebe (verkörpert durch die Göttin Venus) mit dem Erwachen der Rachegöttin auf die inzestuöse Vater-Tochter-Beziehung.

---

[1] Diesen Stoff hat J. W. v. Goethe in seinem Drama „Iphigenie auf Tauris" (1786) umgesetzt.

Das Motiv der Erinnyen, in der Antike werden sie oft mit einem Hundekopf dargestellt, zieht sich durch den gesamten Roman: Faber erwähnt sie, bezugnehmend auf ein Gespräch mit Hanna: „die Erinnyen beziehungsweise Eumeniden und wie sie alle heißen, das sind Tatsachen für sie" (S. 142). In Akrokorinth werden Sabeth und Faber von bellenden Hunden verfolgt (vgl. S. 150). Und schon von seiner ersten Geliebten, der Frau seines Mathematiklehrers, schreibt Faber: „wenn sie meinen Bubenkörper küßte, kam sie mir wie eine Irre vor oder wie eine Hündin" (S. 99).

Wirkung und Rezeption des Romans

Der Bucherfolg

Der Roman erschien am 30. September 1957 in einer Auflage von knapp 9000 Exemplaren. Da Max Frisch nach Erscheinen des Romans „Stiller" im Jahr 1954 schon ein anerkannter Autor war, wurde auch „Homo faber" von der Literaturkritik begierig aufgenommen. Die vielen positiven, aber auch die kritischen und ablehnenden Rezensionen sorgten für eine große Präsenz von Autor und Roman in der Presse und im Rundfunk. Diese wirkte sich erkennbar auf die Verkaufszahlen aus, sodass schon im Oktober 1957 eine zweite Auflage erschien. Der Roman „Homo faber" belegte vordere Ränge in den Bestsellerlisten und schon im Sommer 1958 waren über 20.000 Exemplare verkauft.

1962 erschien der Roman als Band 87 in der Reihe „Bibliothek Suhrkamp" und erreichte schnell eine Auflagenhöhe von 100.000 Exemplaren. Als 1977 die Taschenbuchausgabe bei Suhrkamp erschien, stieg die Auflagenzahl bald auf 450.000 Exemplare. Die letzten vorliegenden Zahlen, die sich auf das Jahr 1998 beziehen, sprechen von einer Auflagenhöhe von über 4 Millionen Exemplaren im deutschsprachigen Raum und von Übersetzungen in 25

Sprachen. Max Frischs Roman gehört damit zu den Bestsellern der deutschsprachigen Nachkriegsliteratur, wozu auch seine Eignung als Schullektüre beigetragen hat.

1990 wurde der Film „Homo faber" gedreht. Regisseur war   Der Film
Volker Schlöndorff, Sam Shepard spielte Walter Faber, Julie Delpy die Rolle der Sabeth. Die Verfilmung, die sich ziemlich genau an die Buchvorlage hält, blendet jedoch die Krankheit Fabers und damit das Ende der Romanhandlung aus. Im März 1991 kam der Film in die deutschen Kinos, am 12. Mai 1991 startete er in der Schweiz, nur kurz nach dem Tod von Max Frisch, der an der Entstehung noch mit-

gearbeitet und ihn insgesamt positiv beurteilt hatte. Bei den Fachjournalisten fand er hingegen wenig Zustimmung; so heißt es im „Fischer Film Almanach" von 1992: „Sam Shepard, Julie Delpy und Barbara Sukowa hätten durch ihre schauspielerische Präsenz einen großen Film ermöglicht. Buch und Regie allerdings lassen die Kühnheit vermissen, Frischs künstlerische Verve[1] adäquat ins Medium des Bildes zu übertragen."[2]

Plakat zum Film von Volker Schlöndorff (1991)

---

[1] Verve: Schwung, Ideenreichtum
[2] Horst Schäfer, Walter Schobert (Hg.): Fischer Film Almanach 1992, Frankfurt am Main 1992, S. 169–170

Der Roman „Homo faber" in der Schule

Der Blick auf die Figuren: Die Personencharakterisierung

Eine literarische Figur charakterisieren – Tipps und Techniken

In einer literarischen Charakterisierung analysiert man neben den äußeren Merkmalen besonders die inneren Wesenszüge einer literarischen Person. Auf diesem Wege gelangt man zu einer Gesamtinterpretation der Figur. Sämtliche Elemente der Charakterisierung – äußere Merkmale, charakterisierende Aussagen sowie weiterführende Deutungen – basieren auf der Textvorlage. Bei einem epischen Text ist es dabei wichtig, die Aussagen und Handlungsweisen dieser Figur zu untersuchen, aber auch zu beachten, was andere Figuren über diese sagen, wie sie mit ihr umgehen und auf sie reagieren. Außerdem muss man die Erzählerkommentare zu dieser Figur berücksichtigen. Durch direkte und indirekte Textbelege lassen sich die Aussagen über die zu charakterisierende Figur in nachvollziehbarer Weise begründen.

Für die Erarbeitung einer literarischen Charakterisierung können unter anderem folgende Aspekte und Leitfragen von Bedeutung sein:

1. Personalien und sozialer Status:

- Was erfahren wir über Name, Geschlecht, Alter und Beruf der Figur?
- Werden auffällige äußere Merkmale beschrieben?

- Wie stellen sich Lebensverhältnisse und das soziale Umfeld der Figur dar?
- Gibt es Informationen zur Vorgeschichte der Figur?

2. Wesentliche Charaktereigenschaften:

- Zeigt die Figur typische Verhaltensweisen und Gewohnheiten?
- Was sind ihre hervorstechenden Wesensmerkmale und Charakterzüge?
- Welche Umstände prägen und bestimmen ihre Existenz?
- Welches Bild hat die Figur von sich selbst?
- Welche inneren Einstellungen, welches Weltbild hat sie?
- Zeigt die Figur eine Veränderung in ihren äußeren Merkmalen beziehungsweise eine innere Entwicklung?
- Wie wird sie durch die anderen Figuren wahrgenommen?
- Welcher Art sind die Beziehungen zwischen ihr und anderen Figuren?

3. Sprachgebrauch und Sprachverhalten:

- Wie kann man den Sprachgebrauch der Figur allgemein beschreiben (Sprachebene, Sprachstil)?
- Welche Auffälligkeiten lassen sich auf Satz- und Wortebene erkennen (Satzbau, Wortwahl, ...)?
- Welche kommunikativen Aussagen werden durch die beschriebene nonverbale Kommunikation (Gestik, Mimik, Körperhaltung) transportiert?
- Welches Gesprächsverhalten, welche Gesprächsstrategien verfolgt die Figur?

4. Zusammenfassende Bewertung:

- Wie lässt sich die Funktion der Figur für den Roman beschreiben?
- Welche Gesamtdeutung der Figur ergibt sich aus den unter 1.–4. gewonnenen Erkenntnissen?

Diese Zusammenstellung dient als „Checkliste" für die Erarbeitungsphase der Charakterisierung.

Die folgenden Charakterisierungen der wichtigsten Figuren des Romans bieten die wesentlichen inhaltlichen Anhaltspunkte für die Gestaltung einer Charakterisierung.

Walter Faber – der „Homo faber"

1. Personalien und sozialer Status

Zu Beginn des Romans ist Walter Faber 49 Jahre alt. Er wurde am 29.04.1907 geboren (vgl. S. 90) und wird auf der Schiffsreise nach Le Havre 50 Jahre alt (vgl. S. 88). Er ist Ingenieur in den Diensten der *Unesco* (vgl. S. 10), Schweizer Staatsbürger (vgl. S. 8), wohnhaft in New York, Central Park West (vgl. S. 59). Faber ist ledig, liiert mit einer 26-jährigen Amerikanerin namens Ivy (vgl. S. 61), die nach Aussage Fabers Mannequin ist (vgl. S. 31). Faber ist Vater einer unehelichen Tochter (Elisabeth), von deren Existenz er aber zu Beginn des Romans nichts weiß.

2.1 Fabers Selbstbild

Der Techniker Faber hält sich für einen Rationalisten (vgl. S. 24), der sich ein technisch geprägtes, nach seinen Vorstellungen männliches Weltbild zu eigen gemacht hat: Er kann erklären, was zur Notlandung in der Wüste geführt hat (vgl. S. 19 f.), er fühlt sich erst nach einer Party so richtig wohl, wenn er seinen Wagen steuern kann (vgl. S. 92), in „unzivilisierten" Gegenden klammert er sich an seinen Rasierapparat (vgl. S. 34), die Reparatur des Geländewagens im Dschungel (vgl. S. 167 ff.) verschafft ihm emotionale Sicherheit, er kann errechnen, dass Sabeth nicht seine

Tochter sein kann (vgl. S. 121). Faber lehnt Gefühle ab, hält alles, was ihm widerfährt, für „Zufall" und diffamiert jede Form von Schicksal als Mystik, die er dem weiblichen Lebensprinzip zurechnet. Zwischenmenschliche Beziehungen sind ihm nicht wichtig, Herbert Hencke ist für ihn allenfalls ein geeigneter Schachpartner, seine amerikanische Freundin Ivy ist ihm lästig – Menschen sind Faber zu anstrengend (vgl. S. 8). Faber erkennt nicht, dass er mit diesem Bild, das er sich von sich macht, sich selbst betrügt. Denn gerade die technischen Gegenstände, die er zu beherrschen glaubt, versagen ihren Dienst: Das Flugzeug muss wegen eines technischen Defekts notlanden, sein Rasierapparat funktioniert bald nicht mehr, seine Omega-Uhr kommt ihm abhanden, der Geländewagen, den er im Dschungel dringend benötigt, ist nicht fahrbereit usw.

Die Natur stellt für Faber (insbesondere in der „Ersten Station") eine Irritation, eine Bedrohung dar. Zu Beginn des Romans verfügt Faber über eine klare Einstellung zu allem Natürlichen und Kreatürlichen: „Was mir auf die Nerven ging: die Molche in jedem Tümpel, in jeder Eintagspfütze ein Gewimmel von Molchen – überhaupt diese Fortpflanzerei überall, es stinkt nach Fruchtbarkeit, nach blühender Verwesung." (S. 51)

2.2 Fabers Einstellung zur Natur

Auch seine eigene Natur wird Faber im Dschungel bewusst. Ständig schwitzt er und duscht sich, um seine Körperlichkeit nicht wahrnehmen zu müssen; das Wachstum seines Bartes ist für ihn unerträglich, sodass er sich in einem fort rasieren will. Die Dschungelnatur und die eigene körperliche Natur sind für Faber mit unangenehmen Eindrücken verbunden: mit Gestank, Verwesung, Nacktheit, Fäulnis, Schleim (vgl. S. 50f.).

Ganz anders empfindet der Faber der „Zweiten Station": Er bedauert es, nicht schon eher das „wirkliche Leben" für sich entdeckt zu haben, er findet plötzlich Gefallen an der Physiognomie einer Schwarzen, am Kraushaar eines Jugendlichen, am eigenen Gesang. Zu seinen bevorzugten Gesprächspartnern gehört der Junge von der Straße, der ihm die Schuhe putzt, gehört die Gelegenheitsprostituierte Juana, gehören – ganz allgemein ausgedrückt – sich natürlich gebende Menschen, keine Rede ist mehr davon, dass sie für Faber anstrengend seien (vgl. S. 172 ff.).

2.3 Fabers Unterscheidung von „männlichem" und „weiblichem" Lebenskonzept

Walter Faber vertritt ein – nach seinen Vorstellungen (es handelt sich ja um einen Ich-Bericht) – männliches Lebensprinzip; einige für ihn positiv besetzte Begriffe lauten: Technik, Arbeit, Mathematik und Wahrscheinlichkeitsrechnung, Schach spielen, rasieren, ... Dabei kennt er „das Weibliche", personifiziert in den Frauengestalten des Romans, kaum; so kümmert er sich nicht um Hannas Gefühle, als diese ihm mitteilt, sie bekomme ein Kind von ihm. Auch Ivy bleibt Faber bis zuletzt fremd: Behauptet er auf den ersten Seiten seines Berichts, sie sei von Beruf Fotomodell, so relativiert er diese Äußerung einige Seiten später: „ich glaube, Ivy arbeitete wirklich als Mannequin" (S. 68). Er gibt auch zu: „Sie stammte aus der Bronx, sonst wußte ich wirklich nichts von Ivy" (S. 67 f.). Ein weiteres Beispiel für die „Blindheit" Fabers ist die Beziehung zu seiner Mutter: Diese wusste immer, dass Elisabeth Fabers Tochter ist (vgl. S. 183). Faber gesteht auch: *„Wenn Hanna von meiner Mutter berichtet, kann ich bloß zuhören. Wie ein Blinder! Sie hatten noch jahrelang Briefwechsel, Hanna und meine Mutter, die übrigens nicht an einer Embolie gestorben ist, wie ich gemeint habe. [...]. Hanna ist bei ihrer Beerdigung gewesen, 1937."* (S. 184)

Von Faber wird alles abqualifiziert, was nicht seinem „rationalen" Weltbild entspricht, das eher als „irrational" zu bezeichnen ist. Er erkennt erst am Ende des Romans, dass er keineswegs weibisch handelt, wenn er Gefühle in seinen Wertehaushalt mit einbezieht.

3. Fabers Sprachgebrauch und Sprachverhalten

Fabers Sprachgebrauch und -verhalten bestätigt seine Einstellung zum Leben und zu den Frauen. So äußert er sich vorwiegend in Parataxen bzw. Ellipsen („Ich fühle mich nicht wohl, wenn unrasiert", S. 27); teilweise umgeht er Hypotaxen durch Klammerausdrücke (z. B. „um sie vor Sand zu schützen", S. 26). Auffällig sind die vielen Detailinformationen Fabers, die eher vom Geschehen ablenken, als dass sie es erhellen („Er las ein Heftlein, rororo.", S. 9). Der Techniker Faber benützt aber auch umgangssprachliche Wendungen, die abwertend wirken („unser Ruinen-Freund schwatzte viel", S. 39), sowie Anglizismen, die seine Weltläufigkeit unterstreichen sollen („um einen Drink zu haben", S. 11, „ich war spät", S. 67). Eine Änderung in Fabers Sprachverhalten hin zu einer gewollt poetischen Sprache, die sich in Vergleichen und längeren Sätzen ausdrückt, ist am Ende des Romans (Kuba-Episode) erkennbar und als Indiz für die Wandlung Fabers zu deuten (vgl. S. 181).

Fabers Leben ist ein einziger Irrtum: Seine Einstellung zur Technik, zur Weiblichkeit, zum „Zufall" – zum gesamten Leben – erweist sich als falsch. Von Blindheit geschlagen, was seine Umgebung und seine Mitmenschen angeht, weiß er lange nicht, dass Hannas und sein Kind zur Welt gekommen ist, er weiß auch nicht, warum Hanna ihn nicht heiraten wollte; Herbert Hencke erkennt er nicht als Bruder seines Jugendfreundes Joachim, den sterbenden Professor O. nicht als sein Spiegelbild. Am Ende muss Faber feststellen, dass er auch die Mathematik für seine Zwecke missbraucht hat. Wider besseren Wissens hat er den Geburtstermin seines Kindes so errechnet, dass Sabeth nicht seine Tochter sein kann.

4. Zusammenfassende Bewertung

Nach dem Tod Sabeths verfällt Faber in das andere Extrem: Keine Rede ist mehr davon, dass Menschen für ihn anstrengend seien. Auch die Schönheiten der Natur nimmt Faber bewusst, ja ekstatisch wahr. Doch die Wandlung Fabers kommt zu spät, er kann die neu entdeckte Existenzform nicht mehr leben.

Der Roman „Homo faber" veranschaulicht eine Idee, die Max Frisch in seinem „Tagebuch 1946–1949" aufgeschrieben hat: „Schreiben heißt: sich selber lesen." (Max Frisch: Tagebuch 1946–1949, Frankfurt am Main 1979, S. 22) Der Roman, der als Tagebuch Walter Fabers angelegt ist, führt diesen zur Erkenntnis, dass er sein Leben verfehlt hat. Am Ende formuliert er das selbst: *„es stimmt nichts"* (S. 199).

Hanna Landsberg – geschiedene Hencke, geschiedene Piper

1. Personalien und sozialer Status

Hanna ist zur Zeit der Romanhandlung 50 Jahre alt und damit genauso alt wie Faber. Sie war zweimal verheiratet, zwischen 1937 und 1938 mit Joachim Hencke (vgl. S. 28), später mit Herrn Piper, von dem sie sich 1953 trennt (vgl. S. 143). Hanna hat Kunstgeschichte (vgl. S. 45) und Philologie (vgl. S. 112) studiert, schloss das Studium mit dem Doktortitel ab (vgl. S. 140), erlernte auch den Beruf der Laborantin (vgl. S. 202) und lebt seit drei Jahren in Athen, wo sie als Archäologin am Archäologischen Institut arbeitet (vgl. S. 142).

2.1 Hanna als fürsorgliche Mutter

Hannas Beziehung zu ihrer Tochter Elisabeth ist nach außen hin unproblematisch; so sorgte Hanna immer gut für ihre Tochter, was insbesondere bemerkenswert erscheint, da sie sie ohne Vater aufziehen musste; auch ermöglichte sie dem Mädchen ein Höchstmaß an Bildung: Elisabeth studierte in Yale (vgl. S. 82) und bekam schon in ihrer Kindheit Gelegenheit, Geige spielen zu lernen (vgl. S. 202).

2.2 Hanna als „Henne"

Joachim und Faber bezeichnen Hanna jedoch unabhängig voneinander als „Henne" (S. 137 und S. 201): Sie klammert sich an „ihr" Kind, möchte Elisabeth nur für sich allein haben. Dies zeigt sich an verschiedenen Stellen im Roman: Hanna versucht zu verhindern, dass Walter Faber Elisabeth im Krankenhaus besucht (vgl. S. 130f.), sie verleugnet Faber am Telefon (vgl. S. 137). Hanna behauptet sogar: „‚Walter, du bist nicht ihr [Elisabeths] Vater.'" (S. 145) Daraus wird ersichtlich, dass Hanna *„keinen Vater im Haus"* (S. 202) haben will, wie Joachim es schon seinerzeit wahrnahm (vgl. S. 201).

Am Ende des Romans scheint Hanna einzusehen, was Joachim ihr vorwarf, nämlich dass sie falsch handelt, wenn sie ihrem Kind den Vater vorenthält. Dies ist die eigentliche Schuld Hannas; nur dadurch war es möglich, dass es zwischen Faber und Elisabeth zum Inzest kam – keiner wusste von der Existenz des anderen.

2.3 Hannas Schuld bezüglich Sabeth

Im Roman wird die Beziehung Hannas zu vier Männern ausdrücklich thematisiert: zu Joachim Hencke, zu einem gewissen Herrn Piper, zu Walter Faber und zu Armin. Die Beziehungen zu Joachim, Piper und Faber waren problematisch: Der Egoist Faber dachte nur an sein eigenes berufliches Fortkommen und befürwortete die Abtreibung des gemeinsamen Kindes; Joachim ist tief getroffen, als sich Hanna, nachdem er ihr uneheliches Kind angenommen hat, sterilisieren lässt, um von ihm nicht schwanger zu werden, und verlässt sie; Piper, den Hanna geheiratet hat, um ihn vor einer Inhaftierung zu bewahren, entpuppt sich als „Opportunist. [...] linientreu bis zum Verrat" (S. 144). Das Schlüsselerlebnis für Hannas Beziehung zu Männern scheint in ihrer Jugend zu liegen: Einst hat sie mit ihrem jüngeren Bruder gerungen, dem es dabei *„gelungen war, Hanna auf den Rücken zu werfen"* (S. 182). Damals hat Hanna beschlossen, *„gescheiter zu sein als alle Jungens von München-Schwabing"* (S. 183), was sie mit ihrer akademischen Ausbildung umsetzt. Später tut ihr dies leid („Hanna bereut, daß sie Dr. phil. geworden ist.", S. 140), denn Hanna hat nun erkannt, dass sie sich von den Männern ihren Lebensstil aufzwingen ließ – sie kann es zwar in beruflicher Hinsicht mit diesen aufnehmen, hat aber ihre eigene persönliche Entfaltung dabei verfehlt.

2.4 Hannas Beziehung zu Männern

2.5 Hannas Kindheitstrauma

2.6 Hannas Beziehung zu Armin

Lediglich Armin ist eine Kontrastfigur zu den anderen Männern; darauf weist Frisch hin, wenn er ihn zum doppelten Außenseiter stilisiert: Er ist blind und er ist ein Greis. Im Gegensatz zu Faber, Joachim Hencke, Piper und Hannas Bruder ist Armin durchweg positiv gezeichnet; er ist *„[d]er einzige Mann, dem sie vertraute"* (S. 183). Das die Männerfiguren verbindende Motiv ist die Blindheit. Hanna hält prinzipiell alle Männer für blind; sie meint dies im übertragenen Sinn. Armin, der jedoch wirklich sein Augenlicht verloren hat, ist im Anklang an die griechische Mythologie der eigentlich Sehende. Deutlich wird dies im erinnerten Gespräch zwischen Hanna und Faber: *„Das also ist Armin gewesen! Ich habe ihn nicht eigentlich wahrgenommen. Hanna sagt: aber er hat dich wahrgenommen."* (S. 184)

3. Hannas Sprachgebrauch und Sprachverhalten

Hannas Äußerungen werden immer durch Faber wiedergegeben, dies mag sie im Detail verzerren. Insgesamt zeigt sich jedoch deutlich, dass Hanna sachlich spricht, wenn sie auch manchmal nervös ist (vgl. S. 126 f., 134). Faber, dem die Sachlichkeit eigentlich sehr recht sein müsste, stört sich aber daran: „Sie hatte immer schon diese Art, geradezu eine Manie, noch in Nebensachen ganz genau zu sein" (S. 133). Auffällig ist, dass gerade zwischen Hanna und Faber keine echte Kommunikation stattfindet. Hanna macht falsche Angaben („‚Walter, du bist nicht ihr Vater.'", S. 145) oder verweigert sich dem Gespräch (vgl. S. 137). Wie belastend die Situation für sie ist, wird deutlich, als sie Faber aussperrt, lieber allein im Zimmer bleibt und dabei heimlich weint (vgl. S. 149) oder wenn sie am Totenbett von Sabeth schreiend auf Faber reagiert und ihm ins Gesicht schlägt (vgl. S. 160).

4. Zusammenfassende Bewertung

Ebenso wie Faber ist auch Hanna gescheitert. Sie hat ihr Leben für Sabeth gelebt, sodass diese alle Möglichkeiten zu einer vorteilhaften eigenen Entwicklung hatte. Indem Hanna Sabeth aber über ihren Vater im Unklaren gelassen hat, ermöglicht sie die Beziehung zwischen Sabeth und Faber und ist dadurch mitschuldig am Tod ihrer Tochter geworden.

Elisabeth Piper – genannt Sabeth bzw. Elsbeth

Elisabeth ist 20 Jahre alt (vgl. S. 83). Nach einem Auslandsaufenthalt in New Haven (Connecticut), wo sie an der Yale University (vgl. S. 82) studiert hat, ist sie auf dem Weg nach Hause zu ihrer Mutter nach Athen. Auf dieser Reise trifft sie ihren Vater, von dessen Existenz sie aber keine Ahnung hat. Ihm gegenüber nennt sie als Berufswunsch „Kinderärztin oder Kunstgewerblerin [...], vielleicht auch Stewardeß" (S. 82 f.). Elisabeth reist gemeinsam mit Faber quer durch Europa, bis sie nach dem Biss einer Schlange am Strand von Theodohori an einer nicht diagnostizierten Schädelbasisfraktur stirbt.

1. Personalien und sozialer Status

Die Tochter Hannas und Fabers ist die unkomplizierteste der Hauptfiguren: Sie ist jung und unbeschwert, hat sexuelle Erfahrung (vgl. S. 120), ist lernbegierig und klug, verständnisvoll und dem jeweiligen Partner gegenüber aufgeschlossen. Sie hat sich ihre Natürlichkeit und auch ihr unverkrampftes Verhältnis zur Natur bewahrt. Die Namensgebung zeigt, dass sie ein erwachsener Mensch ist, der vom jeweiligen Elternteil mit einer anderen Abkürzung ihres Namens gerufen wird. So wie die Namensgebungen nicht zusammenpassen, steht das Mädchen – unwissentlich – zwischen seinen leiblichen Eltern.

2.1 Elisabeths Wesensmerkmale

Als Faber Elisabeth zum ersten Mal trifft, befindet sie sich nach einem „Semester in Yale, scholarship" (S. 82) auf der Rückreise zu ihrer Mutter nach Athen. Er steht auf dem Schiff hinter ihr und ihm fällt zuerst ihr Äußeres auf: „schwarze[r] Pullover mit Rollkragen, [...] Halskette aus gewöhnlichem Holz, Espadrilles, [...] Cowboy-Hose [mit] grüne[m] Kamm", „ein blonde[r] oder rötliche[r] Roßschwanz" (S. 70). Faber taxiert das Mädchen („alles ziemlich billig", S. 70) und beur-

2.2 Elisabeths äußeres Erscheinungsbild

teilt, was er sieht („ich habe nicht mehr gewußt, daß ein Mensch so jung sein kann", S. 73). Obwohl er vorgibt, ihr nicht nachzustellen (vgl. S. 73), beobachtet Faber Elisabeth nun ganz genau bei allem, was sie tut.

2.3 Elisabeths Ähnlichkeit mit Hanna

In seinem Bericht versichert sich Faber mehrfach, dass er nicht wusste und nicht ahnen konnte, dass das Mädchen seine Tochter ist. In Wirklichkeit verdrängt er eben diese Ahnung, die auch von anderen an ihn herangetragen wird, immer wieder: „Ich sagte mir, daß mich wahrscheinlich jedes junge Mädchen irgendwie an Hanna erinnern würde." (S. 78), „Wäre Hanna auf Deck gewesen, kein Zweifel, ich hätte sie sofort erkannt. Ich dachte: vielleicht ist sie auf Deck!" (S. 79), „Ich bemerkte, wie sie gafften, wenn das Mädchen (das sie offensichtlich für meine Tochter hielten) von Eisenleiter zu Eisenleiter kletterte." (S. 86).

2.4 Elisabeths Aufgeschlossenheit gegenüber verschiedenen Lebensbereichen

Sabeth reagiert auf Fabers Interesse an ihr, winkt ihm zu, wenn sie ihn sieht (vgl. S. 75), und so kommen die beiden immer mehr ins Gespräch. Sabeth, die sich für Kunst und Literatur („,Jetzt reden Sie wieder wie Tolstoi!'", S. 83) interessiert, lässt sich von Faber den Maschinenraum des Schiffes erklären (vgl. S. 86). Ihre Aufgeschlossenheit für Sachverhalte, die außerhalb ihres Erfahrungsbereiches liegen, fällt auch Faber positiv auf. Trotzdem reagiert sie mit Unverständnis und findet Faber „komisch" (S. 75), wenn er von Robotern und Maschinen schwärmt, weil er sie für die vollkommeneren Menschen hält (vgl. S. 74f.). Dies zeigt sich auch im Bereich der Wahrnehmung: Das Wiehern eines Esels klingt für Faber wie „eine ungeschmierte Bremse!" (S. 151). Elisabeth wählt hingegen ihre Vergleiche aus dem künstlerischen Bereich: „Wie der erste Versuch auf einem Cello!" (S. 151).

2.5 Elisabeths Lebenshunger

Faber interessiert sich für das Mädchen mit dem Pferdeschwanz, das ihn an Hanna erinnert. Die Initiative für ein genaueres Kennenlernen geht jedoch von ihr aus, auch ist es Elisabeth, die in Avignon in der Nacht des Inzests zu Faber aufs Zimmer kommt. Sie gibt sich dabei als junge Frau, die Geborgenheit sucht, ist andererseits aber auch selbstbewusst im Umgang mit ihrer Sexualität (vgl. Dozent in Yale und die Reisebekanntschaft Hardy, S. 120). Auffallend ist, dass das Mädchen Faber an Hanna erinnert und er durch Elisabeth mehr von Hanna erfahren möchte. Sie führt ihn am Ende auch zu Hanna – was sie allerdings nicht mehr selbst miterleben wird.

Elisabeth wird als typische junge Frau der 50er-Jahre dargestellt. Dies zeigt sich auch in ihrer Sprache: Sie ist selbstbewusst und sagt, was sie denkt (vgl. S. 85). Dabei hat sie sich eine jugendliche Unbekümmertheit bewahrt und zeigt ihre Freude am Leben in den Sprachspielen mit Faber (vgl. S. 150 ff.), die wiederum Ausdruck ihrer sprachlichen Kompetenz sind.

3. Elisabeths Sprachgebrauch und Sprachverhalten

Sabeth ist eine ganzheitlich angelegte Figur; sie trägt die positiven Eigenschaften Fabers wie Hannas in sich. Sie ist emanzipiert, mathematisch und künstlerisch begabt, in beiden Kulturkreisen zu Hause: im abendländischen (Italien, Griechenland) und in der Neuen Welt (USA). Dabei ist sie die eigentlich tragische Figur im Roman: Aufgrund der Versäumnisse ihrer Eltern begeht sie den Inzest und stirbt infolge des Unfalls.

4. Zusammenfassende Bewertung

Ivy – Fabers amerikanische Freundin

Ivy, die amerikanische Freundin Fabers, ist 26 Jahre alt (vgl. S. 61), stammt aus dem New Yorker Stadtteil Bronx (vgl. S. 67) und bezeichnet sich deshalb selbst als „a dead-end kid" (S. 67), als ein Straßenkind. Sie ist (vermutlich nicht zum ersten Mal) verheiratet (vgl. S. 30), ihr Mann ist „Beamter in Washington" (S. 30) und sie selbst arbeitet als Mannequin (vgl. S. 64). Aufgrund von Fabers Beschreibung kann sie entsprechend dem Modeideal der Zeit als hübsch gelten („sie hatte die Figur eines Buben, nur ihre Brust war sehr weiblich, ihre Hüften schmal", S. 65).

1. Personalien und sozialer Status

2.1 Ivys Sexualität

Ivy ist ein sinnlicher, lustbetonter Mensch. Sexualität ist für sie etwas ganz Natürliches und die Sexualität ist es auch, die sie mit Faber verbindet. Dies zeigt sich in den Situationen, die die beiden allein miteinander verbringen. Obwohl Faber sich schon zu Beginn der Romanhandlung von Ivy trennt, kommt es immer wieder zu sexuellen Begegnungen zwischen den beiden. Faber stellt sich dabei als der Verführte dar und hasst Ivy (vgl. S. 62) und sich selbst dafür, dass er ihr nicht widerstehen kann (vgl. S. 66). Faber kann mit Ivys Sexualität nicht umgehen, wie er mit emanzipierten, selbstbewussten Frauen überhaupt nicht umgehen kann. Es ekelt ihn vor ihrer Zärtlichkeit und ihrer Hand auf seinem Körper (vgl. S. 62). Aufgrund ihrer fordernden Art hält er sie anfangs für eine Prostituierte („Kokotte", S. 68), an anderer Stelle mutmaßt Faber, sie sei „lesbisch, vielleicht frigid" (S. 64), dazu „ein bißchen pervers" (S. 65). Im Umgang mit Faber zeigt sich, dass Ivy ihre weiblichen Reize wohl auch bewusst einsetzt, um ihn an sich zu binden (vgl. S. 62, 64 f.).

2.2 Ivys Ehewunsch

Schon bei der ersten Erwähnung von Ivy spielt die Ehe eine Rolle: „Ivy hatte drei Stunden lang, während wir auf die verspätete Maschine warteten, auf mich eingeschwatzt, obschon sie wußte, daß ich grundsätzlich nicht heirate." (S. 7) Auch später wird der Ehewunsch Ivys immer wieder thematisiert (vgl. S. 30), obwohl sie bereits verheiratet ist. Daraus resultiert Fabers Charakterisierung von Ivy in Form des sprechenden Namens: „Ivy heißt Efeu, und so heißen für mich eigentlich alle Frauen" (S. 91). Wie der Efeu sich um die Wirtspflanze rankt, so sucht Ivy die Nähe des derzeit geliebten Mannes – dass sie ihn dann auch heiraten will, ist für sie die logische Konsequenz. Faber fühlt sich durch Ivys ständige Suche nach Nähe „bedrängt" (S. 15), er träumt von ihr (vgl. S. 15) und gesteht: „Manchmal fürchte ich sie." (S. 66)

Es wird auch deutlich, dass Faber Ivy nicht als Individuum wahrnimmt. So bekennt er, keine Details aus Ivys Leben zu kennen („Sonst wußte ich wenig von Ivy.", S. 64) und sich ihr gegenüber „wie ein Flegel" (S. 64) benommen zu haben. Tatsächlich stellt Faber sie als oberflächlich dar: Er hält sie für „zähe" (S. 64), „nicht dumm, aber ein bißchen pervers" (S. 65) und „komisch" (S. 65).

2.3 Fabers Bild von Ivy

Er betont, dass sie auf ihr Äußeres achtet („Ivy kämmte sich noch immer.", „Ivy pinselte ihre Wimpern.", „Ivy malte ihre Fingernägel", S. 59). Dabei fällt auf, dass Faber zur Beschreibung Ivys Floskeln und Verniedlichungsformen gebraucht, die er auch sonst verwendet, um über bestimmte, für ihn unangenehme, Sachverhalte hinwegzutäuschen („Natürlich weinte sie.", S. 67, „Kolibri-Hütchen", S. 68, „Ivy arbeitete wirklich als Mannequin.", S. 68, „denn Ivy mußte nun wirklich gehen", S. 68, usw.). Möglicherweise verkörpert Ivy tatsächlich einen Typ Frau, der für die USA in den Jahren nach dem Zweiten Weltkrieg als typisch gelten kann: Sie wählt (angeblich) „ihre Kleider nach der Wagenfarbe" (S. 31) und geht regelmäßig zum Psychiater (vgl. S. 30). Doch Ivy hat auch eine andere Seite: Sie beweist Tiefgang und zeigt Sensibilität, wenn sie Faber aus der Hand liest (vgl. S. 61). Dabei erkennt sie seine kurze Lebenslinie, woraufhin sie zu weinen beginnt. Faber verspricht zwar, „endlich zu einem Arzt zu gehen" (S. 61), wischt die Sorgen Ivys aber weg („sie glaubte, was sie redete, und obschon ich meinerseits nicht an Wahrsagerei glaube, verstehe sich, nicht einen Augenblick lang, mußte ich sie trösten", S. 61). Als Faber telefonisch die Schiffspassage nach Europa bucht, ist Ivy sofort klar, dass er vor ihrer Gegenwart fliehen will. Sie reagiert darauf dementsprechend emotional („Ivy war sprachlos", „Ivy starrte mich an, dann schleuderte sie plötzlich ihren Mantel irgendwohin ins Zimmer, stampfend, außer sich vor Zorn", S. 60). Kein Wunder, dass sie Faber „ein[en] Egoist, ein[en] Rohling,

2.4 Ivys Sensibilität

ein[en] Barbar […], ein[en] Unmensch[en] in bezug auf die Frau" (S. 31, ähnlich auch S. 58) nennt.

3. Ivys Sprach-
gebrauch und
Sprachverhalten

Ivy drückt sich – wie Faber auch – in Alltagssprache aus. Ihre Äußerungen lassen immer wieder auf ihre Emotionen rückschließen: Nachdem es ihr gelungen ist, Faber zum Geschlechtsverkehr zu verführen, summt sie – „[w]ie zum Hohn" (S. 62). Auch im Bereich der nonverbalen Kommunikation werden Ivys Gefühle deutlich. So ignoriert sie Fabers Abschiedsbrief und holt ihn am Flughafen in New York ab. Auf seine Frage, „[o]b sie [s]einen Brief nicht bekommen habe?", drückt sie sich vor einer Antwort, indem sie Faber küsst (vgl. S. 57).

4. Zusammen-
fassende
Bewertung

Ivy ist eine insgesamt positiv gezeichnete Figur. Zwar verkörpert sie den American Way of Life mit all seinen Oberflächlichkeiten, andererseits zeigt sie in der Beziehung zu Faber doch tiefe Gefühle, Anhänglichkeit und Empathie mit seiner Situation. Auch als sie erkennt, dass er sie nicht ernst nimmt und sie nicht in seiner Nähe haben möchte, bewahrt sie Fassung und versucht, die Situation zu überspielen. So bewahrheitet sich schließlich die Einschätzung Fabers, der von Ivy sagt, sie sei „ein herzensguter Kerl" (S. 65), und einräumt: „[m]ag sein, daß Ivy mich liebte" (S. 58).

Joachim Hencke – der Jugendfreund Fabers

1. Personalien
und sozialer
Status

Joachim Hencke stammt aus Düsseldorf und ist, da er mit Faber studierte, etwa so alt wie dieser (vgl. S. 43, 48). Joachim war einmal verheiratet (mit Hanna, von der er geschieden wurde, vgl. S. 28). Als Soldat war er im Zweiten Weltkrieg, dann in Gefangenschaft (als „Arzt in Rußland", S. 143). Schließlich kehrte er nach Düsseldorf zurück, bevor er die Tabakplantage der Hencke-Bosch-GmbH in Guatemala übernahm. Zum Zeitpunkt des Berichts ist er bereits tot – er hat sich auf der Plantage erhängt (vgl. S. 55).

Joachim Hencke und Faber kennen sich seit ihren gemeinsamen Jahren an der Universität Zürich, wo Joachim Medizin studierte. Zu ihren Studienzeiten verband sie das Schachspiel (vgl. S. 28). „Joachim war bereit, Trauzeuge zu sein." (S. 56), hätten Faber und Hanna 1936 geheiratet. Mehr ist über die Beziehung der beiden Männer, die sich inzwischen aus den Augen verloren haben, nicht bekannt. Trotzdem spricht Faber später davon, dass Joachim sein „einziger wirklicher Freund" (S. 59) gewesen sei. Folgerichtig beschließt er während des Aufenthalts in der Wüste von Tamaulipas, von seiner berufsbedingt notwendigen Reiseroute abzuweichen, um zusammen mit Herbert seinen Jugendfreund im Dschungel von Guatemala aufzusuchen (vgl. S. 33 ff.), den sie jedoch nur noch tot auffinden. Joachim wird von Herbert und Faber begraben, ein Sachverhalt, den Faber später bedauert – „[w]ir hätten Joachim (so denke ich oft) nicht in die Erde begraben, sondern verbrennen sollen" (S. 68).

2.1 Joachims Beziehung zu Faber

Auch die Beziehung zwischen Hanna und Joachim schätzt Faber offenbar nicht richtig ein: Als er von der Schwangerschaft Hannas erfuhr, war er der Ansicht, eine Abtreibung sei die beste Lösung für alle Beteiligten. Er zieht deshalb Joachim, den „Mediziner im Staatsexamen" (S. 48), hinzu. Dieser sagt seine Hilfe zu („Joachim unterrichtete mich über das Medizinische, was bekanntlich kein Problem ist, dann über das Juristische, bekanntlich auch kein Problem, wenn man sich die erforderlichen Gutachten zu verschaffen weiß", S. 48). Doch während sich Faber in der festen Meinung, Joachim habe die Schwangerschaftsunterbrechung durchgeführt oder die Durchführung vermittelt, selbst schon in Bagdad, dem Ort seiner ersten Anstellung, befindet, haben Joachim und Hanna geheiratet und das Kind, Elisabeth, bekommen (vgl. S. 56 f.).

2.2 Joachims Beziehung zu Hanna

Joachim hat in dieser – für Hanna wohl schwierigen Situation – die Rolle, die eigentlich Fabers Rolle gewesen wäre,

2.3 Joachims Verantwortungsbereitschaft und Resignation

übernommen: Er hat sich als Ehemann angeboten und als treusorgender Vater erwiesen (vgl. S. 56). Zum Bruch mit Hanna und zur Scheidung kam es, als sich Hanna ohne Wissen Joachims sterilisieren lässt (vgl. S. 202). Dieses Verhalten trifft Joachim schwer, sodass er vermutet: *„Du willst keinen Vater im Haus!"* (S. 202). Er verschwindet aus Hannas Leben, indem er sich *„freiwillig zur Wehrmacht"* (S. 202) meldet, was ebenso als Kurzschlusshandlung zu werten ist wie seine spätere Übersiedelung auf die Plantage. Trotzdem bezeichnet Hanna später Joachim als „einen lieben Menschen" (S. 139).

3. Joachims Sprachgebrauch und Sprachverhalten

In der Wüste von Tamaulipas spricht Faber von Joachim als „[s]eine[m] Freund, der seit mindestens zwanzig Jahren einfach verstummt war" (S. 23). In Palenque mutmaßt Faber, Joachim würde keine Briefe schreiben, „weil es zu heiß" (S. 39) sei; er zieht allerdings auch in Erwägung, dass Joachim tot sei (vgl. S. 39). Joachim kommt im Roman nicht mit eigenen Aussagen vor. Er wird lediglich zitiert, als er Faber und Hanna 1936 Hilfe anbietet (vgl. S. 48) und dabei zu Faber sagt: „Du bist am Zug!" (S. 48) Ein Satz, der durchaus doppeldeutig verstanden werden kann.

4. Zusammenfassende Bewertung

Joachim ist als Kontrastfigur zu Faber zu sehen, wobei die beiden trotz aller Gegensätzlichkeit einige Berührungspunkte aufweisen: Während Faber Ingenieurwissenschaften studiert, sich also mit technischen Problemen beschäftigt, kümmert sich Joachim im Rahmen seines Medizinstudiums um die Menschen. Ähnlich verhält es sich bei der alle Beteiligten betreffenden Lebenskrise, der Schwangerschaft Hannas und ihrer drohenden Ausweisung aus der Schweiz: Während sich Faber auch hier für die Technik (und die eigene Karriere) entscheidet (Anstellung bei Escher-Wyss in Bagdad), wählt Joachim die Menschen: Er heiratet Hanna und kümmert sich mit ihr um Fabers Tochter Elisabeth. Erst nach der Enttäuschung durch Hanna, die Elisabeth ganz für sich allein haben möchte, setzt Joachim auf seine Karriere, in Fabers Sprechweise: „die Zukunft der deutschen Zigarre" (S. 15). Doch dieser Weg entspricht nicht seinem Wesen – er scheitert und begeht Selbstmord. Darin gleicht Joachim Walter Faber: Auch dieser lebt nicht seinem Wesen gemäß und scheitert. Jedoch bringt sich Faber nicht selbst um, sondern stirbt an Magenkrebs.

Der Blick auf den Text:
Die Analyse von Kernstellen

Eine Kernstelle analysieren – Tipps und Techniken

Für die Analyse (Beschreibung und Deutung) von Roman-auszügen stehen grundsätzlich zwei verschiedene Methoden zur Auswahl: die Linearanalyse und die aspektgeleitete Analyse.

In der **Linearanalyse** werden die einzelnen Arbeitsschritte des Aufgabentexts systematisch, das heißt ihrer Reihenfolge nach, analysiert. Dies führt in der Regel zu genauen und detaillierten Ergebnissen. Allerdings besteht dabei die Gefahr, dass zu kleinschrittig gearbeitet wird und die übergeordneten Deutungsaspekte aus dem Blick geraten.

In der **aspektgeleiteten Analyse** werden diese Deutungs-schwerpunkte von vornherein festgelegt. Daraus ergibt sich in der Regel eine sehr problemorientierte und zielge-richtete Vorgehensweise. Dabei werden jedoch die Deu-tungsaspekte, die nicht im Fokus des Interesses stehen, vernachlässigt.

Aufbauschema:

1. **Einleitung:**
   - Basissatz: Autor; Titel; Textsorte; Erscheinungsjahr des Werks, aus dem der Text stammt
   - Ort, Zeit und Figuren des Textauszugs
   - kurze Inhaltsangabe

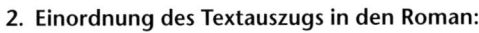

2. **Einordnung des Textauszugs in den Roman:**
   Was geschieht vorher, was nachher?

   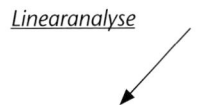 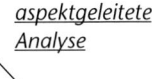

   Linearanalyse   *aspektgeleitete Analyse*

3. **Aufbau des Textauszugs:**
   - Auflistung der Textabschnitte/ Textgliederung

3. **Untersuchungsschwerpunkte:**
   - Auflistung der ausgewählten Untersuchungsaspekte

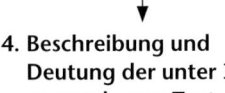 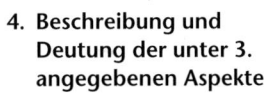

4. **Beschreibung und Deutung der unter 3. angegebenen Textabschnitte:**
   - Aussagen zum Inhalt des Abschnitts
   - Aussagen zur Deutung, Einbetten in den Gesamtzusammenhang des Romans
   - Einbezug der sprachlichen Gestaltung

4. **Beschreibung und Deutung der unter 3. angegebenen Aspekte:**
   - Benennen des jeweiligen Aspekts
   - Aussagen zur Deutung, Einbetten in den Gesamtzusammenhang des Romans
   - Einbezug der sprachlichen Gestaltung

5. **Schluss:**
   - Zusammenfassung der Ergebnisse
   - Einordnung in einen größeren Deutungszusammenhang
   - Bewertung

Zu beiden Analysemethoden wird im Folgenden je eine (leicht abgeänderte) Schülerlösung präsentiert.

Übungsvorschlag:
Erstellen Sie zuerst jeweils eine eigene Lösung und verglei- chen Sie sie dann mit den unten angeführten Vorschlägen. Überprüfen Sie: An welchen Stellen erscheint Ihnen Ihre eigene Lösung schlüssiger? Welche zusätzlichen Anre- gungen und Einsichten können Sie den Beispieltexten ent- nehmen?

Beispielanalyse (linear): Homo faber, S. 7 (Z. 1) – S. 8 (Z. 32)

> *Aufgabe: Analysieren Sie den Beginn (S. 7, Z. 1 – S. 8, Z. 32) von Max Frischs Roman „Homo faber" nach inhaltlichen und sprachlichen Gesichtspunkten.*

Einleitung mit knapper Inhaltsangabe des Textauszugs

Dieser Textauszug stammt aus dem im Jahr 1957 erschie- nenen Roman „Homo faber" von Max Frisch. In diesem Werk geht es um den Ingenieur Walter Faber, der sich als Rationalist versteht, also Gefühle ablehnt und weder Schicksal noch Fügung in sein Kalkül zieht. Als er seine Tochter Elisabeth trifft, von deren Existenz er nichts weiß und deren Identität er nicht kennt, reizt sie ihn als Frau und er beginnt mit ihr ein Liebesverhältnis. Bei einem Badeaus- flug in Griechenland stürzt das Mädchen nach einem Schlangenbiss und stirbt. Faber trifft im Krankenhaus auf seine ehemalige Geliebte Hanna, die Mutter Elisabeths, doch die von Faber nun gewünschte Neuauflage der Lie- besbeziehung mit Hanna kommt nicht zustande. Am Ende des Romans stirbt Faber während einer Magenoperation.
Bei dem vorliegenden Textauszug handelt es sich um den Romananfang. Die Handlung setzt mit dem Start des Flug-

zeugs ein, mit dem Faber aus beruflichen Gründen von New York nach Caracas (Venezuela) fliegen will. Als das Flugzeug nach einem Schneesturm verspätet abhebt, wird Faber trotz seiner Distanziertheit in ein Gespräch mit seinem Sitznachbarn verwickelt. Dieser Flug ist der Auslöser für die weitere Romanhandlung, denn Fabers Sitznachbar im Flugzeug stellt sich im späteren Verlauf als Bruder seines Jugendfreundes Joachim Hencke heraus. Aus diesem Grund setzt Faber die Reise nicht wie geplant fort, sondern beschließt, – völlig gegen seine sonstigen Gewohnheiten – seine Reiseroute zu ändern und Joachim in Palenque (Mexiko) zu besuchen.

Einordnung des Textauszugs in den Roman

Der Textauszug kann entsprechend des Handlungsverlaufs in drei Teile gegliedert werden. Im ersten Teil wird der Start des Flugzeugs beschrieben bzw. vom verspäteten Abflug und den Gründen dafür berichtet. Im zweiten Abschnitt steht der junge deutsche Sitznachbar im Mittelpunkt, der Faber aus noch unbekannten Gründen bekannt vorkommt. Im dritten Teil reflektiert Faber die Begegnung mit Herbert Hencke, dessen Namen ihm immer noch unbekannt bleibt.

Aufbau des Textauszugs

Zu Beginn des ersten Textabschnitts (S. 7, Z. 1 bis S. 8, Z. 1) berichtet der Ich-Erzähler vom Start des Flugzeugs und der dreistündigen Verspätung „infolge Schneestürmen" (S. 7). Bereits auf der Startbahn kommt es noch einmal zu einer Verzögerung von vierzig Minuten, noch immer ist das Schneechaos daran schuld, dass die Technik nicht wie vorgesehen funktioniert. Damit spricht der Autor schon in den ersten Sätzen ein Grundmotiv des Romans an, das später noch vielfältig variiert wird (Notlandung in der Wüste, Autoreparatur im Dschungel, Defekt an Hannas Uhr usw.). Das Versagen der Technik steht im Widerspruch zum Weltbild Fabers, das vom Glauben an den technologischen Fortschritt geprägt ist. Fabers Technikaffinität kommt unter anderem in seiner Verwendung fachsprachlicher Ausdrücke zum Ausdruck: „die Motoren dröhnten, einer nach dem andern auf Vollgasprobe" (S. 7).

Deutung der Textabschnitte: I. Abschnitt

Als der Start der Maschine endlich möglich ist, geschieht er unter den denkbar schlechtesten Witterungsbedingungen. Die Sicht ist so eingeschränkt, dass Faber anmerkt: „man kam sich wie ein Blinder vor" (S. 7). Damit wird das Motiv der Blindheit eingeführt. Dieses spielt im gesamten Roman eine Rolle, weil es einen typischen Wesenszug Fabers veranschaulicht: Faber interessiert sich nicht für seine Mitmenschen und nimmt soziale Vorgänge in seiner Umgebung nur teilweise wahr. So kennt er die Todesursache seiner Mutter nicht und weiß auch nicht, dass Hanna ihr gemeinsames Kind zur Welt gebracht hat.

Im ersten Abschnitt des Romans wird auch schon die Beziehung Fabers zu anderen Menschen, auch die zu Frauen, angesprochen. Dabei wird deutlich, dass sich Faber an Menschen uninteressiert zeigt und Frauen nicht ernst nimmt. Obwohl ihm sein Sitznachbar aufgrund seiner Bewegungen und Verhaltensweisen auffällt („er fiel auf, wenn er den Mantel auszog, wenn er sich setzte und sich die Bügelfalten zog", S. 7), hört er nicht genau hin, als dieser sich vorstellt. Dass er den Namen überhört hat, begründet Faber damit, dass „die Motoren dröhnten" (S. 7) – seine Konzentration auf technische Vorgänge steht ganz offensichtlich einer echten zwischenmenschlichen Kommunikation entgegen.

Über andere Menschen äußert sich Faber oft in abfälligen Worten. Seinen Sitznachbarn reduziert er auf äußerliche Attribute: „ein Blonder mit rosiger Haut, der sich sofort vorstellte" (S. 7). Über seine Geliebte Ivy sagt er, sie habe auf ihn „eingeschwatzt, obschon sie wußte, daß [er] grundsätzlich nicht heirate" (S. 7). Auch das Heiratsmotiv, das hier bereits angesprochen wird, zieht sich durch den gesamten Roman. Faber macht nämlich entgegen seiner Aussage im weiteren Verlauf Sabeth einen Heiratsantrag und auch bei Hanna denkt er an Heirat.

Im zweiten Textabschnitt (S. 8, Z. 2 bis Z. 26) steht der II. Abschnitt Sitznachbar Fabers im Mittelpunkt. Faber erfährt, dass er aus Düsseldorf kommt und dass er geschäftlich nach Guatemala unterwegs ist. Sein Alter schätzt er auf Anfang 30 (vgl. S. 8). So wie sich Faber über das Alter des Mannes äußert, lässt erkennen, dass er zu seinem eigenen Alter – er ist immerhin schon knapp 50 – keinen Bezug hat bzw. sich jünger fühlt, als er tatsächlich ist („so jung war er auch wieder nicht, anfangs Dreißig, immerhin jünger als ich", S. 8).

Während Herbert Hencke den Kontakt zu Faber sucht (er bietet ihm Zigaretten an, verwickelt ihn ins Gespräch), möchte dieser in Ruhe gelassen werden („meinerseits keinerlei Bedürfnis nach Bekanntschaft", S. 8). Dies begründet er mit den Anstrengungen der vorangegangenen Woche. Tatsächlich zeigt sich hier aber eine typische Verhaltensweise Fabers, der den sozialen Kontakt zu anderen Menschen und damit auch die zwischenmenschliche Kommunikation grundsätzlich „anstrengend" (S. 8) findet.

Als doch ein Gespräch zwischen den beiden zustande kommt, gibt sich Faber ziemlich überheblich: Er äußert sich abfällig über Herberts Art zu sprechen („war nicht mehr zu stoppen", S. 8, „dann machte er [...] sofort auf europäische Brüderschaft", S. 8) und glaubt sich auch inhaltlich überlegen („Er redete über Wetter, beziehungsweise über Radar, wovon er wenig verstand", S. 8).

Der dritte Textabschnitt (S. 8, Z. 27 bis Z. 32) beinhaltet III. Abschnitt eine Reflexion Fabers: Faber beschäftigt sich gedanklich – entgegen seiner eigenen Aussagen („Menschen sind anstrengend", S. 8) – mit seinem Sitznachbarn. Er überlegt, an wen dieser ihn erinnert, jedoch ohne zu einem Ergebnis zu kommen. Wenig glaubwürdig erscheint Faber, wenn er mitteilt, dass es ihm gelungen sei, den Mann neben sich aus seinen Gedanken zu verdrängen („Ich versuchte, sein rosiges Gesicht zu vergessen, was mir gelang", S. 8). Als

Faber nach sechs Stunden Schlaf wieder erwacht, beschäftigt er sich erneut mit seinem Nachbarn: „kaum war ich erwacht, ging er mir wieder auf die Nerven" (S. 8).

Schluss   Insgesamt zeigen sich schon in der Einleitungsszene einige Motive, die den gesamten Roman prägen. Faber interessiert sich nicht für seine Mitmenschen und kann keine echte Beziehung zu ihnen aufbauen. Zudem hält er sich anderen Menschen gegenüber grundsätzlich für überlegen, weil er Techniker ist und die Funktionsweise technischer Geräte erklären kann. Dabei erkennt Faber nicht, dass die Technik seine Probleme nicht lösen kann. Im vorliegenden Textauszug wird das am verspäteten Start des Flugzeugs sichtbar, am Ende des Romans wird die Operation Fabers Leben nicht verlängern können. Die Eingangsszene des Romans ist aus zwei Gründen von Bedeutung für den gesamten Roman. Einerseits führt sie die Technikgläubigkeit Fabers ad absurdum, andererseits beleuchtet sie seine abweisende Haltung im Umgang mit seinen Mitmenschen.

Beispielanalyse (aspektgeleitet): Homo faber, S. 7 (Z. 1) – S. 8 (Z. 32)

Aufgabe: Untersuchen Sie die Motivik in der Eingangsszene des Romans „Homo faber" und zeigen Sie, welche Bedeutung diesen Motiven im weiteren Fortgang des Romans zukommt. Diskutieren Sie abschließend, ob man Max Frischs Roman als „modernen Roman" bezeichnen kann.

Einleitung mit knapper Inhaltsangabe des Textauszugs   In diesem Textauszug – es handelt sich um den Anfang des Romans „Homo faber" (1957) von Max Frisch – beschreibt der Ingenieur Walter Faber den Beginn seines Flugs ab New York, der ihn in einer beruflichen Mission (Montage von

Turbinen) nach Caracas führen sollte, jedoch mit einer Notlandung in der Wüste von Tamaulipas sein vorzeitiges Ende findet.

Faber berichtet von seinem Sitznachbarn Herbert Hencke, mit dem er eher widerwillig in ein erstes, oberflächliches Gespräch kommt, dessen Namen er überhört, den er aber für einen Deutschen hält. Auch die Erinnerung an seine in New York zurückgebliebene Geliebte Ivy wird wach – Faber erinnert sich, wie sie auf ihn „eingeschwatzt" (S. 7) habe, er solle sie heiraten. Doch dies hat er wohl erneut abgelehnt, indem er betont, dass er „grundsätzlich nicht heirate" (S. 7).

Am Ende des Textauszugs teilt Faber mit, dass er sich nach seinem sechsstündigen Schlaf im Flugzeug weiterhin schlafend gestellt hat, um einer Unterhaltung mit seinem Nebenmann, der ihm „auf die Nerven ging" (S. 8), zu entgehen.

Einige wichtige Motive des Romans kommen schon in der Eingangsszene vor; es sind vor allem die Technik und ihre Wahrnehmung durch Faber (vgl. S. 7), das Motiv der Blindheit (vgl. S. 7), Fabers starre Fixierung auf das „Übliche" und seine „Grundsätze" (S. 7), Fabers ablehnende Einstellung gegenüber anderen Menschen und dem Leben schlechthin (vgl. S. 7, 8). *Wichtige Motive in der Eingangsszene (Untersuchungsaspekte) ...*

Diese Motive sind von zentraler Bedeutung, wie an anderen Textstellen des Romans deutlich wird. Beispielhaft soll das am Technikmotiv gezeigt werden, wobei vor allem folgende Textstellen wichtig sind: technischer Defekt am Flugzeug (vgl. S. 19), technischer Defekt am Rasierapparat (vgl. S. 63), Verlust der Omega-Uhr (vgl. S. 129), Defekt an Hannas Uhr (vgl. S. 134), Defekt am Geländewagen (vgl. S. 167 ff.) und Verlust der Schreibmaschine (vgl. S. 198). *... und im weiteren Textverlauf*

Die Analyse des Technikmotivs quer durch den Roman zeigt, dass nicht alle technischen Geräte so leicht beherrschbar, kalkulierbar und zuverlässig sind, wie Faber das zu Beginn seines „Berichts" behauptet. Ganz im Gegenteil: *1. Versagen der Technik*

Die Technik versagt fortwährend und symbolisiert damit sowohl die Unzulänglichkeit von Fabers Weltbild sowie die Verfehltheit seiner Existenz.

2. Faber als „Blinder"
Dem Motiv der Blindheit kommt im Roman eine zentrale Bedeutung zu: Während Faber hier angesichts der Witterungsverhältnisse feststellt „man kam sich wie ein Blinder vor" (S. 7), versucht er sich immer, wenn es um Emotionales oder Beziehungen geht, einzureden: „ich bin ja nicht blind" (S. 24). Ebenso verhält er sich, wenn er glaubt, für alle Begebenheiten oder Sachverhalte eine technisch-rationale Begründung finden und damit die Vielschichtigkeit des Lebens, vor allem die affektiven und emotionalen Bereiche, aussparen zu können. Auch Hanna, mit der er die gemeinsame Tochter Elisabeth hat, wirft ihm – ebenso wie allen anderen Männern außer dem tatsächlich blinden Armin – vor, „stockblind" (S. 144) zu sein.

3. Fixierung auf „das Übliche"
Faber geht dem Leben, dem „Erleben" aus dem Weg, wahrscheinlich um nicht mit seiner eigenen – unvollkommenen – Existenz konfrontiert zu werden. So macht er sich ein Bild von der ihn umgebenden Realität, stets darauf bedacht, die Stimmigkeit dieses Bildes überprüfen und feststellen zu können. Es bedeutet für sein Leben Sicherheit, wenn er wieder auf bekannte Sachverhalte, Verhaltensweisen, Vorgänge usw. stößt und sich nicht mit der Vielfalt der menschlichen Existenz auseinandersetzen muss, wenn also „das Übliche" vorherrscht (vgl. S. 14, „Start wie üblich", S. 19, „das reglose Pneu-Paar in der Luft, wie üblich vor einer Landung"). Die Wendung „wie üblich" kommt vor allem in der „Ersten Station" des Romans immer wieder vor und lässt den Leser aufhorchen, da sich dahinter immer wichtige Einblicke in Fabers Gefühlslage verbergen.

4. Fabers ablehnende Haltung seinen Mitmenschen gegenüber
Fabers ablehnende Einstellung anderen Menschen gegenüber und dem Leben schlechthin wird im Umgang mit seinem Nachbarn im Flugzeug deutlich: Seinen Namen überhört er (vgl. S. 7, Z. 17f.), er behandelt ihn abweisend,

sogar unhöflich (vgl. S. 8, Z. 7 f., 9 f., 12), da er ihm „auf die Nerven" (S. 8) geht. Faber stellt fest: „Menschen sind anstrengend" (S. 8).

Diese Haltung Fabers anderen gegenüber ist für sein bisheriges Leben (vgl. Hanna) und im Roman für die „Erste Station" typisch; doch unter dem Einfluss seiner inzestuösen Liebe zu Elisabeth wird sie sich ändern: Das Kuba-Erlebnis (s. S. 172 ff.) veranschaulicht dies. Doch dass die „Wandlung" Fabers nicht plötzlich kommt, dass sie in ihm schon angelegt ist, er aber diese emotionale Seite seiner Existenz nur unterdrückt, wird deutlich, als während des durch die Notlandung erzwungenen Aufenthalts das Gespräch auf Hanna kommt, Herbert sich aber mehr an seinem Schachspiel als an einer Unterhaltung mit Faber interessiert zeigt (vgl. S. 32).

Wichtig ist es zu erkennen, dass sich Faber ändert. Die stereotyp gebrauchte Wendung „wie üblich", die vorwiegend der „Ersten Station" entstammt, kommt in der „Zweiten Station" kaum noch vor. Faber ist jetzt nämlich sehr wohl dem Leben gegenüber aufgeschlossen, wie die neue Verwendung dieser Floskel (vgl. seine vorübergehende Rückkehr in die amerikanische Gesellschaft, S. 161: „Die übliche Saturday-party") und sein verändertes Verhalten (vgl. Kuba-Erlebnis, S. 172 ff.) zeigen.

Fazit: der Wandel in Fabers Lebenseinstellung

Überlegt man, ob der Roman „Homo faber" als „moderner Roman" bezeichnet werden kann, muss man zuerst klären, was unter einem modernen Roman verstanden wird. Mehrere Literaturwissenschaftler, auch Paul Konrad Kurz, dessen Beschreibung des modernen Romans in vielen Schulbüchern abgedruckt ist, haben eine Definition des modernen Romans versucht. Ein typisches Kennzeichen des modernen Romans ist demnach der Verzicht auf einen traditionellen Helden. Auch Faber ist eher ein Antiheld, dessen Gesundheit angeschlagen und dessen Weltsicht moralisch fragwürdig ist. Schließlich wird er sogar schuldig am Tod seiner Tochter.

„Homo faber" – ein moderner Roman?

Außerdem verzichtet der moderne Roman auf die Fabel. Dieses Kennzeichen trifft für den Roman „Homo faber" kaum zu. Der Roman zeigt eine ausgesprochen eingängige Handlung, die letztlich auch dazu führte, dass er verfilmt wurde.

Auch der Abschied vom olympischen Erzähler prägt das moderne Erzählen. Frisch wählt die Form des Ich-Berichts, die eine starke Einschränkung der Erzählperspektive mit sich bringt, insbesondere, da sich Faber mithilfe des Berichts vor Hanna rechtfertigen will.

Damit einher geht die Verkomplizierung des Erzählens. Im Roman „Homo faber" zeigt sich dies durch den Einsatz der Montagetechnik, in Vorausdeutungen und Rückblenden sowie in den häufigen Schauplatzwechseln.

Schluss Insgesamt kann man also feststellen, dass der Roman „Homo faber" von Max Frisch schon in der Eingangsszene wichtige und immer wiederkehrende sprachliche Mittel und Motive aufweist und aufgrund der genannten Kriterien als „moderner Roman" gelten kann.

Der Blick auf das Abitur: Themenfelder

Dieses Kapitel dient zur unmittelbaren Vorbereitung auf die Prüfung: Schulaufgabe bzw. Klausur oder schriftliche bzw. mündliche Abiturprüfung. Die wichtigsten Themenfelder werden in einer übersichtlichen grafischen Form dargeboten. Außerdem verweist eine kommentierte Liste mit Internetadressen (S. 118) auf mögliche Quellen für Zusatzinformationen im Netz.

Die schematischen Übersichten können dazu genutzt werden,

- die wesentlichen Deutungsaspekte des Romans kurz vor der Prüfungssituation im Überblick zu wiederholen,
- die Kerngedanken des Romans nochmals selbstständig zu durchdenken und
- mögliche Verständnislücken nachzuarbeiten.

Zum Verständnis der Schemata ist die Kenntnis der vorangegangenen Kapitel unerlässlich. Die folgende Schwerpunktsetzung beruht auf Erfahrungen aus jahrelanger Prüfungspraxis. Die Übersicht IV (Vergleichsmöglichkeiten mit anderen literarischen Werken, S. 117) kann als Anregung dienen, um den eigenen Lektürekanon auf möglicherweise interessante Vergleichspunkte hin abzuklopfen.

Übersicht I: Fabers Reisen

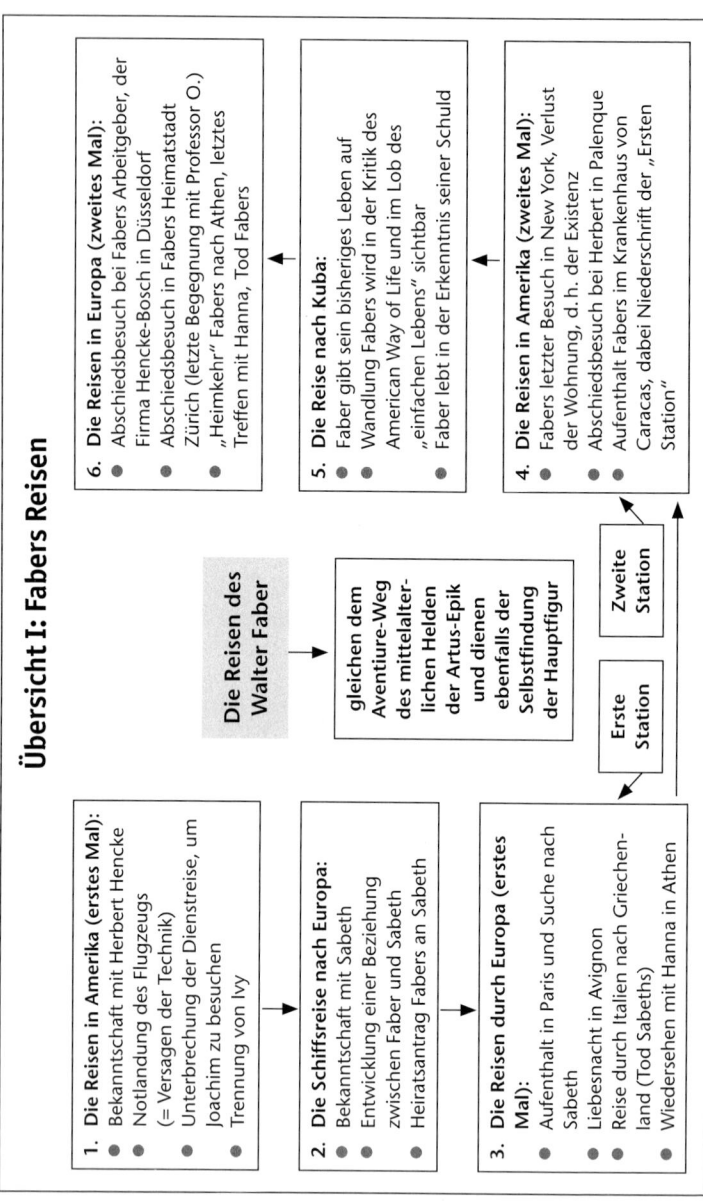

Die Reisen des Walter Faber

gleichen dem Aventiure-Weg des mittelalterlichen Helden der Artus-Epik und dienen ebenfalls der Selbstfindung der Hauptfigur

Erste Station

Zweite Station

1. Die Reisen in Amerika (erstes Mal):
- Bekanntschaft mit Herbert Hencke
- Notlandung des Flugzeugs (= Versagen der Technik)
- Unterbrechung der Dienstreise, um Joachim zu besuchen
- Trennung von Ivy

2. Die Schiffsreise nach Europa:
- Bekanntschaft mit Sabeth
- Entwicklung einer Beziehung zwischen Faber und Sabeth
- Heiratsantrag Fabers an Sabeth

3. Die Reisen durch Europa (erstes Mal):
- Aufenthalt in Paris und Suche nach Sabeth
- Liebesnacht in Avignon
- Reise durch Italien nach Griechenland (Tod Sabeths)
- Wiedersehen mit Hanna in Athen

6. Die Reisen in Europa (zweites Mal):
- Abschiedsbesuch bei Fabers Arbeitgeber, der Firma Hencke-Bosch in Düsseldorf
- Abschiedsbesuch in Fabers Heimatstadt Zürich (letzte Begegnung mit Professor O.)
- „Heimkehr" Fabers nach Athen, letztes Treffen mit Hanna, Tod Fabers

5. Die Reise nach Kuba:
- Faber gibt sein bisheriges Leben auf
- Wandlung Fabers wird in der Kritik des American Way of Life und im Lob des „einfachen Lebens" sichtbar
- Faber lebt in der Erkenntnis seiner Schuld

4. Die Reisen in Amerika (zweites Mal):
- Fabers letzter Besuch in New York, Verlust der Wohnung, d.h. der Existenz
- Abschiedsbesuch bei Herbert in Palenque
- Aufenthalt Fabers im Krankenhaus von Caracas, dabei Niederschrift der „Ersten Station"

Übersicht II: Mythologische Bezüge

Mythologische Bezüge im Roman „Homo faber"

Ödipus

- Grundlage: Sophokles' Drama „König Ödipus"
- Thema: Die Macht der Götter
- Handlung: Ödipus tötet seinen Vater und herrscht als Gatte seiner Mutter über Theben. Schließlich kommt er seinem Schicksal auf die Spur und blendet sich selbst.
- Bezug zu „Homo faber": Inzest Vater – Tochter, Faber spielt nur mit dem Gedanken an die Blendung (vgl. S. 192).

Agamemnon und Klytämnestra

- Grundlage: Agamemnon raubt seiner Gattin Klytämnestra die gemeinsame Tochter Iphigenie. Klytämnestra und ihr Geliebter erschlagen ihn nach seiner Rückkehr aus Troja im Bade.
- Bezug zu „Homo faber": Faber „raubt" Hanna Elisabeth, sie stirbt in seiner Gegenwart. Während seines Aufenthalts bei Hanna in Athen denkt Faber, während er in der Wanne sitzt, es könnte ihm ergehen wie Agamemnon: „Hanna [...] könnte ohne weiteres eintreten, um mich von rückwärts mit einer Axt zu erschlagen" (S. 136).

Die Erinnyen

- Grundlage: griechische Rachegöttinnen bzw. Schutzgöttinnen der sittlichen Ordnung, oft mit einem Hundekopf dargestellt
- Bezug zu „Homo faber": Anspielungen auf die Erinnyen gibt es zuhauf (z. B. die als „Hündin" (S. 99) bezeichnete erste Geliebte Walter Fabers, die bellenden Hunde, die Sabeth und Faber in Akrokorinth verfolgen); besonders deutlich wird der Bezug zur Romanhandlung während des Romaufenthalts, als „Die Geburt der Venus" und „Die schlafende Erinnye" (beides Kunstwerke) eine „Super-Konstellation" eingehen, die die Erinnye besonders wild aussehen lässt.

Übersicht III: Romantheoretische Aspekte

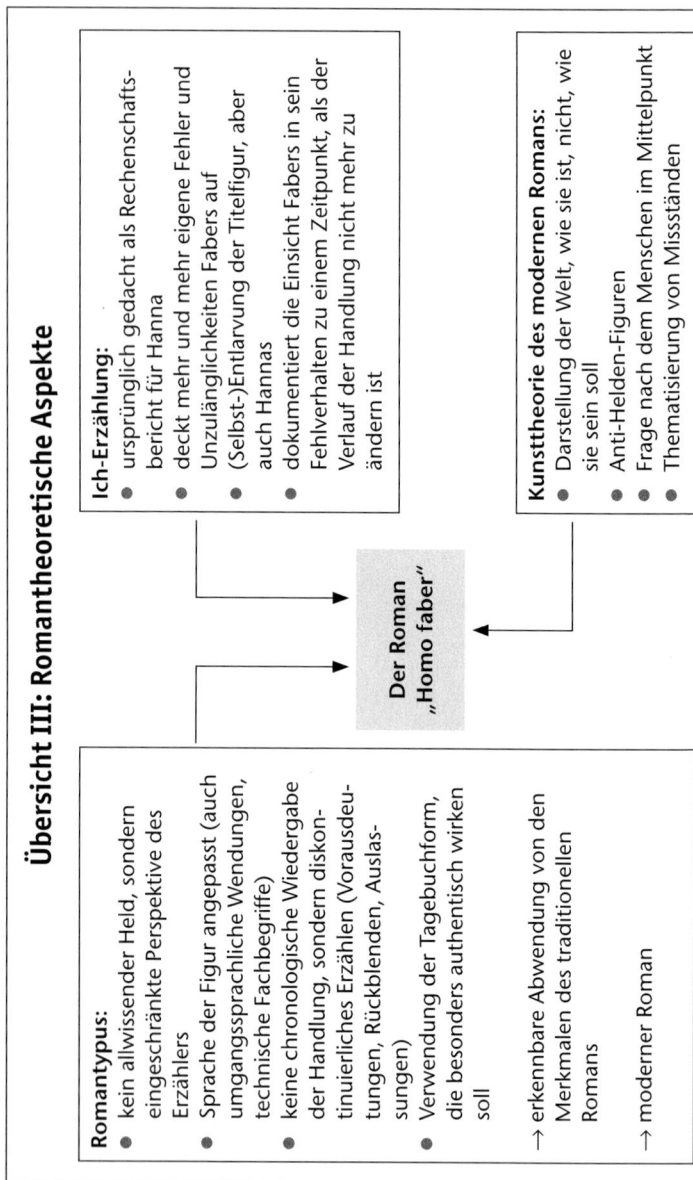

Ich-Erzählung:
- ursprünglich gedacht als Rechenschaftsbericht für Hanna
- deckt mehr und mehr eigene Fehler und Unzulänglichkeiten Fabers auf
- (Selbst-)Entlarvung der Titelfigur, aber auch Hannas
- dokumentiert die Einsicht Fabers in sein Fehlverhalten zu einem Zeitpunkt, als der Verlauf der Handlung nicht mehr zu ändern ist

Kunsttheorie des modernen Romans:
- Darstellung der Welt, wie sie ist, nicht, wie sie sein soll
- Anti-Helden-Figuren
- Frage nach dem Menschen im Mittelpunkt
- Thematisierung von Missständen

Der Roman „Homo faber"

Romantypus:
- kein allwissender Held, sondern eingeschränkte Perspektive des Erzählers
- Sprache der Figur angepasst (auch umgangssprachliche Wendungen, technische Fachbegriffe)
- keine chronologische Wiedergabe der Handlung, sondern diskontinuierliches Erzählen (Vorausdeutungen, Rückblenden, Auslassungen)
- Verwendung der Tagebuchform, die besonders authentisch wirken soll

→ erkennbare Abwendung von den Merkmalen des traditionellen Romans

→ moderner Roman

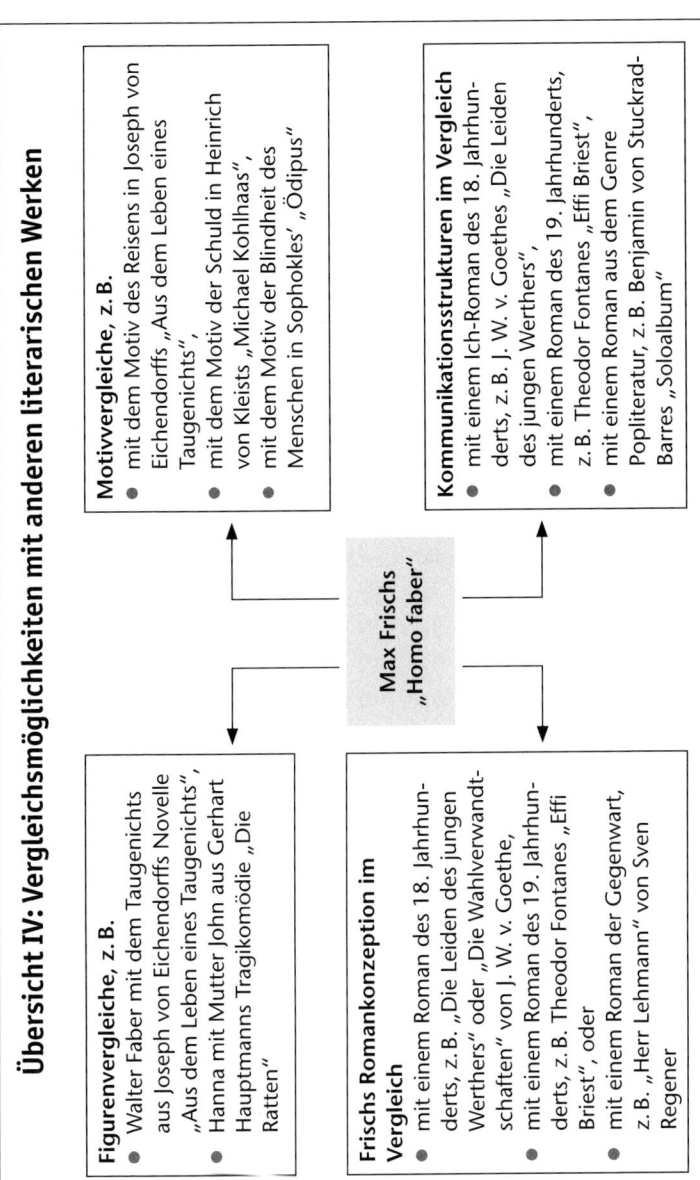

Übersicht IV: Vergleichsmöglichkeiten mit anderen literarischen Werken

Figurenvergleiche, z. B.

- Walter Faber mit dem Taugenichts aus Joseph von Eichendorffs Novelle „Aus dem Leben eines Taugenichts",
- Hanna mit Mutter John aus Gerhart Hauptmanns Tragikomödie „Die Ratten"

Frischs Romankonzeption im Vergleich

- mit einem Roman des 18. Jahrhunderts, z. B. „Die Leiden des jungen Werthers" oder „Die Wahlverwandtschaften" von J. W. v. Goethe,
- mit einem Roman des 19. Jahrhunderts, z. B. Theodor Fontanes „Effi Briest", oder
- mit einem Roman der Gegenwart, z. B. „Herr Lehmann" von Sven Regener

Max Frischs „Homo faber"

Motivvergleiche, z. B.

- mit dem Motiv des Reisens in Joseph von Eichendorffs „Aus dem Leben eines Taugenichts",
- mit dem Motiv der Schuld in Heinrich von Kleists „Michael Kohlhaas",
- mit dem Motiv der Blindheit des Menschen in Sophokles' „Ödipus"

Kommunikationsstrukturen im Vergleich

- mit einem Ich-Roman des 18. Jahrhunderts, z. B. J. W. v. Goethes „Die Leiden des jungen Werthers",
- mit einem Roman des 19. Jahrhunderts, z. B. Theodor Fontanes „Effi Briest",
- mit einem Roman aus dem Genre Popliteratur, z. B. Benjamin von Stuckrad-Barres „Soloalbum"

Internetadressen

Unter diesen Internetadressen können Sie sich zusätzlich informieren:

www.zum.de/Faecher/D/BW/gym/hotpots/w_pollauf/faberm.htm
(Multiple-Choice-Fragen, die helfen das Gelesene richtig einzuordnen)

www.youtube.com/watch?v=H1bF56W-PKg
(Max Frisch kommentiert seinen Roman „Homo faber".)

www.xlibris.de/Autoren/Frisch/Biographie
(informative Biografie Max Frischs, weiterführende Links zu seinen Werken)

www.lehrer-online.de/dyn/bin/246828-246859-1-homo-faber_projektbeschreibung.pdf
(kurze Einführungen in die verschiedenen Untersuchungsbereiche des Romans und viele weitere Linkempfehlungen)

www.lehrerfreund.de/in/schule/kat/homo-faber
(bietet ausführliche Informationen zu den Reisen Fabers, mit Kartenmaterial)

www.mfa.ethz.ch/de/index.html
(Website des Max Frisch-Archivs in Zürich)

http://revistas.ucm.es/fll/11330406/articulos/RFA L0202110153A.PDF
(Klaus Haberkamm, Westfälische Wilhelms-Universität Münster, gibt unter dem Titel *„Homines fabri. Doppelheld und Parallelstruktur in Max Frischs* Homo faber" einen Einblick in die Struktur des Romans.)

[Stand: 04.04.2011]

Literatur

Textausgabe:
Max Frisch: Homo faber. Suhrkamp Verlag, Frankfurt am Main 1977 (suhrkamp taschenbuch 354)

Wissenschaftliche Literatur:
Bienek, Horst: Max Frisch. In: Ders.: Werkstattgespräche mit Schriftstellern, München 1962, S. 21–32

Eisenbeis, Manfred: Max Frisch *Homo faber,* Stuttgart, Düsseldorf, Leipzig 2010

Gleichauf, Ingeborg: Jetzt nicht die Wut verlieren. Max Frisch – eine Biographie, Zürich 2010

Hage, Volker: Max Frisch. Mit Selbstzeugnissen und Bilddokumenten, Reinbek bei Hamburg 1997

Lachner, Juliane: Max Frisch, Homo faber, Freising 2009

Lubich, Frederick A.: Max Frisch: *Stiller, Homo faber* und *Mein Name sei Gantenbein,* München 1990

Müller-Salget, Klaus: Literaturwissen Max Frisch, Stuttgart 1996

Müller-Salget, Klaus: Max Frisch, *Homo faber.* Erläuterungen und Dokumente, Stuttgart 2008

Petersen, Jürgen H.: Max Frisch, Stuttgart 2002

Schmitz, Walter (Hg.): Frischs *Homo faber,* Frankfurt am Main 1983

Schmitz, Walter: Max Frisch „Homo faber", München 1977

Stephan, Alexander: Max Frisch, München 1983

Weidermann, Volker: Max Frisch. Sein Leben, seine Bücher, Köln 2010